ARS ASIATICA

SIX MONUMENTS DE LA SCULPTURE CHINOISE

par Edouard CHAVANNES

❀ ARS ASIATICA ❀ II ❀

Il a été tiré de cet ouvrage 15 exemplaires de luxe, texte et planches sur papier de la Manufacture Imperiale du Japon, numérotés de 1 à 15.

ARS ASIATICA

ÉTUDES ET DOCUMENTS PUBLIÉS SOUS LA DIRECTION DE

VICTOR GOLOUBEW

II

SIX MONUMENTS DE LA SCULPTURE CHINOISE

PAR

EDOUARD CHAVANNES
Membre de l'Institut.

BRUXELLES ET PARIS
LIBRAIRIE D'ART ET D'HISTOIRE
G. VAN OEST & CIE, EDITEURS

1914

Siège de la Rédaction :
Bibliothèque d'Art et d'Archéologie, 18 rue Spontini, Paris.
Secrétaire : M. RENÉ JEAN

INTRODUCTION.

Depuis quelques années de nombreux monuments de la sculpture chinoise font leur apparition à Paris où on peut les voir, soit chez les importateurs, soit chez les collectionneurs, soit dans les expositions auxquelles les uns et les autres confient momentanément leurs plus précieux trésors. Parmi ces monuments, il en est qui sont intéressants pour l'histoire de l'art, pour l'archéologie ou pour l'épigraphie; il est fort désirable que, au moment de leur passage, on les photographie et on les étudie pour que le souvenir en soit conservé après que les hasards des ventes les auront dispersés en divers pays. Les notices groupées dans ce fascicule ont pour objet six pierres qui me paraissent, à des titres divers, dignes d'entrer dans le répertoire de nos connaissances sur la sculpture en Chine.

I.

UNE NOUVELLE DALLE GRAVÉE DE L'ÉPOQUE DES HAN.

(Planches I—VII.)

M. Paul Mallon a bien voulu m'autoriser, il y a quelque temps, à reproduire et à étudier une dalle gravée qu'il avait fait venir de Chine à Paris. Depuis lors, ce monument a été acquis par M. Denman W. Ross; elle a été transportée en Amérique et doit être exposée au Musée des beaux-arts à Boston. La pierre est un marbre noir veiné de jaune; elle mesure 145 centimètres de long, sur 93,5 centimètres de haut et 13,5 centimètres d'épaisseur. Au revers, elle est divisée en quatre compartiments qui sont uniformément décorés d'ornements géométriques représentant des anneaux au travers desquels se croisent à angle droit des bandeaux plats; à l'avers, elle est couverte de dessins au trait qu'il est malaisé de bien voir, même sur l'original [1]); les estampages qu'on peut prendre de ce monument sont encore plus indistincts; la photographie donne de meilleurs résultats, comme on peut s'en rendre compte par les planches qui accompagnent cette note; j'ai cru cependant qu'il était utile de joindre à ces photographies un calque (pl. I) qui, sans avoir la rigueur des reproductions purement mécaniques, a l'avantage de montrer avec plus de netteté les scènes qui sont figurées [2]).

---

1) Les scènes de chasse du registre supérieur sont simplement gravées au trait; les scènes des autres registres comportent pour les personnes et les choses qui y figurent un relief extrêmement faible dans lequel tous les détails et les contours mêmes sont marqués au trait.

2) Ce calque a déjà été publié dans le tome I, première partie, de ma *Mission archéologique dans la Chine septentrionale* (pl. DXLII), mais je l'ai, depuis, légèrement modifié en quelques endroits. — Dans les pages qui vont suivre, les références aux albums et au tome I de ma Mission seront indiquées seulement par le mot *Mission*..., suivi soit de l'indication de la page du tome I, soit du numéro de la figure à laquelle le lecteur est prié de se reporter.

La pierre se divise en quatre registres superposés (pl. I). Dans le registre supérieur (pl. II), les personnages sont représentés avec des dimensions plus réduites que dans les autres registres; ils sont occupés à chasser: à droite, l'un d'eux va frapper de sa lance à double pointe un cerf qui, déjà blessé, s'est à demi affaissé; un cavalier, dans la pose dite de l'archer scythe, se retourne sur son cheval au galop et s'apprête à décocher une flèche contre le cerf. Plus loin, un homme, qui est armé de la même lance à deux pointes, et qui paraît porter suspendu par un cordon à son poignet droit un lièvre tué, suit ses deux chiens courants qui sont sur le point de s'emparer d'un lièvre. Plus loin encore, un homme armé de la lance à deux pointes court derrière son faucon qui fond sur un lièvre; un autre lièvre s'enfuit et va chercher asile dans la forêt profonde où on entrevoit entre les arbres la tête d'un tigre. On a donc ici la représentation de trois modes de chasse: la chasse à cheval, la chasse avec les chiens courants, la chasse avec le faucon.

Il semble que ce soit aux scènes de ce registre supérieur que s'appliquent les mots suivants (pl. III) gravés sur la seconde ligne à la droite du second registre: 此上人馬皆食犬食。急如律令。«Que les hommes et le cheval qui sont ci-dessus mangent tous de la nourriture de chien. Qu'en hâte on se conforme à nos ordres.» La phrase de la fin est connue; elle est la formule par laquelle se terminent les amulettes Taoïstes qui somment les démons de leur obéir [1]). Elle est bien à sa place ici, si, comme nous le croyons, la phrase qui la précède est une imprécation vouant à se nourrir d'une manière immonde les hommes et les chevaux qui se livrent au divertissement cruel de la chasse. Cette interprétation cependant reste sujette à caution.

Le second registre (pl. III et IV) nous présente trois scènes de piété filiale. La première d'entre elles, qui est figurée quatre fois sur les bas-reliefs de Wou Leang ts'eu [2]), nous montre Hing K'iu agenouillé et tendant avec des bâtonnets à son vieux père dépourvu de dents la nourriture qu'il lui a préalablement mâchée. A droite, nous lisons les mots: 偃師邢渠至孝其父 «Hing K'iu, originaire de Yen-che, se conduit envers son père avec une extrême piété filiale»; au-dessus du vieillard, un cartouche nous indique que voici «le père de Hing K'iu en personne» 邢渠父身. — Yen-che est une sous-préfecture qui dépend de la préfecture de Ho-nan fou, dans la province de Ho-nan; il est intéressant de noter que c'est à cette localité qu'on rattache l'histoire de Hing K'iu.

Plus à gauche, nous voyons «Ting Lan, originaire de Kien-jen» 堅壬丁蘭; il se prosterne devant une masse de bois informe au pied de laquelle est disposé un plateau avec des offrandes; dans le cartouche, on lit les mots: «Un homme en bois constitue une statue» 木人爲像. Nous connaissons aussi par les bas-reliefs de Wou Leang ts'eu [3]) l'anecdote de Ting-lan qui avait fait une statue en bois de son père défunt et

---

1) La formule habituelle sur les amulettes est 急急如律令; ici, nous ne trouvons aucun indice marquant que le caractère 急 doive être répété.

2) Voyez *Mission* . . ., tome I, p. 145; fig. 77, deuxième registre, scène 2; fig. 104, premier registre, scène 3; fig. 116, deuxième registre, scène 1; fig. 128, premier registre, scène 2.

3) Cf. *Mission* . . ., tome I, p. 143; fig. 75, deuxième registre, scène 4; fig. 116, deuxième registre, scène 2; fig. 128, premier registre, scène 1.

qui la consultait lorsqu'un voisin venait lui emprunter quelque ustensile domestique. Dans le *Yi jen tchouan* 逸人傳 de Souen Cheng 孫盛 cité par le *Tch'ou hio ki* 初學記 (chap. XVII, p. 19 a) de Siu Kien 徐堅 († 720 p.-C.), nous apprenons que Ting Lan était originaire de la commanderie de Ho-nei; or nous avons vu que, d'après notre gravure, Ting Lan serait originaire de Kien-jen; mais Kien-jen n'a jamais été le nom d'une sous-préfecture; il serait donc possible que, au lieu de Kien-jen 堅壬, il faille lire Ye-wang 野王; Ye-wang était en effet, à l'époque des Han, une sous-préfecture de la commanderie de Ho-nei; c'est aujourd'hui Ho-nei hien 河內縣 qui dépend de la préfecture de Houai-k'ing 懷慶, dans la province de Ho-nan.

La troisième et dernière scène de ce registre [1]) a pour acteurs Min Tseu-k'ien, son père, sa marâtre et le fils de cette dernière. Un jour que Min Tseu-k'ien conduisait le char de son père, il était transi de froid parce que sa belle-mère ne lui donnait, au plus fort de l'hiver, que des vêtements légers; ses doigts étant gourds, il laissa tomber le fouet qu'il tenait; son père voulut le punir de cette maladresse, mais il s'aperçut alors de l'insuffisance des habits que portait son fils; il constata d'autre part que son autre fils était chaudement vêtu et, dans son indignation, il voulait tuer sa seconde femme. Ce fut Min Tseu-k'ien qui intercéda en sa faveur. — Notre gravure altère le nom de Min Tseu-k'ien 閔子騫 qu'elle écrit, semble-t-il, 敏子愆; elle nous montre «la seconde mère en personne» 後母身, puis «le père de Min Tseu-k'ien» 敏子愆父 qui entoure de ses bras son fils agenouillé; au-dessus de celui-ci, on lit son nom 敏子愆; dans le char, «le fils de la seconde mère tient les rênes» 後母子御; enfin, tout à fait à gauche, un cartouche présente les mots «le char et le cheval de Tseu-k'ien» 子愆車馬.

Le troisième registre a toute sa partie de droite (pl. VI) envahie par des bâtiments qui dépendent du quatrième registre. Dans la partie qui lui appartient en propre, il contient deux exemples de piété filiale. Le premier (pl. VI et V) est celui de Po Yu s'affligeant de ce que sa mère ne lui fait plus mal quand elle le bat et regrettant de constater ainsi qu'elle perd ses forces [2]). Sur notre gravure, le nom de Po Yu est écrit 伯臾, tandis que les bas-reliefs de Wou Leang ts'eu nous donnent les leçons 柏楡 ou 伯游 et le *Chouo yuan* la leçon 伯俞 ou 瑜. Nous voyons ici «la mère de Po Yu» 伯臾母 tenant de la main gauche un bâton noueux; devant elle est agenouillé «Po Yu en personne» 伯臾身.

La scène qui est plus à gauche (pl. V) n'est pas entièrement nouvelle; elle est en effet déjà figurée sur une des dalles de Wou Leang ts'eu [3]); mais ce bas-relief de Wou Leang ts'eu était resté inexpliqué, car les cartouches qui l'accompagnaient nous apprenaient simplement que nous avions affaire à trois personnages qui étaient le petit-fils doué de piété filiale, son père et son grand-père; ces indications étaient insuffisantes pour trouver le mot de l'énigme. Ici nous obtenons des renseignements plus précis:

---

1) Cf. *Mission*..., tome I, p. 141—142; fig. 75, deuxième registre, scène 2; fig. 104, premier registre, scène 2.

2) Cf. *Mission*..., tome I, p. 145; fig. 77, deuxième registre, scène 1; fig. 104, second registre, scène 1.

3) Cf. *Mission*..., tome I, p. 152—153; fig. 76, deuxième registre, scène 5. — J'ai déjà donné dans la page 143 du tome I de ma *Mission*... l'interprétation de cette scène, mais je l'ai fait plus brièvement qu'ici.

le personnage qui est au milieu et qui tient dans ses mains une sorte de brancard est appelé «le petit-fils doué de piété filiale Yuan Kou» 孝孫原穀; à droite est «le propre père de Yuan Kou» 原穀親父; à gauche est «le grand-père de Yuan Kou» 原穀泰父. L'histoire de Yuan Kou se retrouve dans le *Hiao tseu tchouan* 孝子傳 que cite le *Yuan kien lei han* 淵鑑類函 (chap. CCXLV, p. 1 b); elle est ainsi conçue: «Yuan Kou avait un grand-père qui était avancé en âge; son père et sa mère étaient las (de supporter le vieillard); ils le haïssaient et voulaient l'abandonner; Yuan Kou, qui était âgé de quinze ans, leur fit des remontrances qui ne furent pas écoutées. (Les parents) fabriquèrent un brancard sur lequel ils transportèrent le vieillard, puis ils l'abandonnèrent dans la campagne. Yuan Kou les suivit, recueillit le brancard et revint. Son père lui ayant demandé pourquoi il avait recueilli ce funeste objet, il répliqua: «Plus tard, quand mon père et ma mère seront devenus vieux, je ne pourrai pas fabriquer à nouveau un tel objet; c'est pourquoi je l'ai recueilli.» Le père fut ému; il alla donc chercher (le vieillard), le ramena et l'entoura de soins [1])».

Il est assez difficile de déterminer avec certitude quel est l'ouvrage désigné sous le nom de *Hiao tseu tchouan*; dans la section bibliographique du *Souei chou* (Chap. XXXIII, p. 8 a), nous trouvons quatre ouvrages mentionnés sous ce titre; ce sont: le *Hiao tseu tchouan* de Siao Kouang-tsi 蕭廣濟, qui eut le titre de fou kouo tsiang kiun 輔國將軍 à l'époque des Tsin 晉 (265—419); le *Hiao tseu tchouan* de Tcheng Ts'i-tche 鄭緝之, qui eut le titre de yuan wai lang 員外郎, à l'époque des Song 宋 (420—478); le *Hiao tseu tchouan* de Che Kio-cheou 師覺授 et celui de Song Kong 宋躬

1) A propos de l'expression 原穀收輿 «Yuan Kou recueille le brancard», le *Yuan kien lei han* dit: 孝子傳。穀有祖年老。父母厭憎欲棄之。穀年十五。諫不聽。作輿舁祖。棄之於野。穀隨收輿歸。父曰。汝何收此凶具。穀曰。他日父母老。不能更作此具。是以收之。父感動。乃載歸奉養。 Ce texte me paraît remonter à un original plus ancien que celui qui nous a été conservé par le *San kang hing che* 三綱行實; dans la précieuse édition coréenne de 1434 que possède de cet ouvrage la Bibliothèque d'art et d'archéologie fondée par M. Doucet, on trouve (fasc. 1, p. 18) une planche que nous avons reproduite ici-même (pl. VII); au revers, on lit l'explication suivante: 元覺之父悟。性行不肖。覺祖年老且病。悟厭之。乃命覺輿簣而棄於山中。覺不能止。從至山中。收簣而歸。悟曰。凶器何用。對曰。留以舁父。悟慚。遂迎祖歸。 «Le père de Yuan Kio se nommait Wou; son caractère et ses actes étaient pervers; le grand-père de Kio était vieux et malade; Wou, étant excédé de lui, ordonna à Kio de porter une claie pour l'abandonner dans la montagne; Kio ne put l'en détourner; mais il le suivit jusque dans la montagne, ramassa la claie et la rapporta. Wou lui demanda: «Quel usage peut avoir ce funeste objet?» Il lui répondit: «Je l'ai conservé pour vous transporter (plus tard vous-même), mon père». Wou fut couvert de confusion; il alla chercher l'aïeul et le ramena.» — On remarquera que, dans ce texte, le nom du petit-fils pieux est Yuan Kio 元覺; mais la leçon Yuan Kou 原穀 du *Yuan kien lei han* est confirmée par notre stèle elle-même. Sur la planche du *San kang hing che* (pl. VII), on a représenté en bas Yuan Kio au moment où il recule d'effroi en apprenant la terrible décision que son père a prise à l'égard du vieillard endormi. Plus haut, Yuan Kio adresse des remontrances à son père qui est accroupi près du lit et qui se retourne pour lui répondre; le vieillard s'est réveillé au bruit de la querelle. En haut de la planche, le vieillard est abandonné dans la montagne; Yuan Kio rapporte la claie et son père lui demande des explications. Dans l'angle supérieur de droite, on lit le titre général de la planche: 元覺警父 «Yuan Kio avertit son père». La marge supérieure contient une notice en caractères coréens.

qui paraissent tous deux avoir été écrits soit à l'époque des Song, soit à une date plus tardive, mais ne pouvant descendre plus bas que l'époque des Souei (581—618). — Ces quatre ouvrages sont aujourd'hui perdus; seuls quelques passages épars dans des encyclopédies de l'époque des T'ang nous ont été conservés; le *Yuan kien lei han*, publié en 1710, n'a pu avoir accès à aucun des *Hiao tseu tchouan* catalogués dans le *Souei chou*; il doit avoir fait une citation de seconde main; mais j'ignore où il l'a prise.

Même à supposer que le *Hiao tseu tchouan* auquel le *Yuan kien lei han* a emprunté indirectement l'histoire du vertueux petit-fils Yuan Kou soit le *Hiao tseu tchouan* le plus ancien, celui de Siao Kouang-tsi, et à supposer que ce dernier ait vécu au commencement, et non à la fin, de la dynastie des Tsin, toujours est-il que ce texte est nécessairement postérieur de plus d'un siècle aux bas-reliefs de Wou Leang ts'eu; on ne peut donc pas considérer le texte et l'image comme contemporains; la scène figurée est bien antérieure au récit écrit. Dès lors, si nous demandons au texte l'explication de l'image, nous devons cependant nous rappeler que le graveur a pu connaître l'anecdote sous une forme quelque peu différente. Il importait de faire ces précisions puisque les monuments figurés qui nous permettent de remonter jusqu'au milieu du deuxième siècle de notre ère sont les plus vieux témoins que nous ayons de l'existence de cette anecdote et ont donc quelque chance de se rapprocher de la forme primitive.

C'est en effet un véritable conte auquel nous avons affaire ici et nous pouvons suivre sa destinée en plusieurs pays; sans entrer dans une discussion approfondie qui ne rentre pas dans le cadre de cette étude, je rappellerai que, dans le fableau de la « houce partie », un vieillard menacé d'être chassé par son fils demande qu'on lui accorde au moins une couverture; son petit-fils est chargé d'aller lui chercher une couverture de cheval, mais il la partage en deux et ne lui en donne que la moitié; interrogé sur les raisons de sa conduite, il répond qu'il réserve l'autre moitié pour son propre père quand celui-ci à son tour sera devenu vieux [1]). C'est de cette forme du conte que se rapproche un conte bouddhique du *Tsa pao tsang king* [2]) qui cependant substitue le frère cadet au

---

1) Voyez deux rédactions différentes de ce fableau dans le *Recueil général et complet des fabliaux des XIIIe et XIVe siècles* par A. de Montaiglon, t. I, p. 82—96, et t. II, p. 1—7. Cf. un conte albanais recueilli par Dozon dans ses *Contes albanais*, n° XIX, p. 153—158.

2) Le *Tsa pao tsang king* (Nanjio, *Catalogue* N° 1329) a été traduit en chinois en l'année 472 de notre ère. Dans le vol. III (p. 1—145) de mes *Cinq cents contes et apologues extraits du Tripiṭaka Chinois*, j'ai traduit ou analysé tous les contes de ce recueil; mais, comme le conte qui nous occupe est précisément un de ceux pour lesquels je me suis contenté d'une analyse (op. cit., vol. III, p. 14), je crois utile d'en donner ici la traduction intégrale:

(*Tripiṭaka de Tōkyō*, XXV, 10, p. 8 b.)

« Autrefois, l'Honoré du monde (c.-à-d. le Buddha) dit aux bhikṣus: Sachez que, autrefois, dans le royaume de Po-lo-nai (Vārāṇasī, Bénarès), il y avait une mauvaise coutume qui était en vigueur dans le monde; quand un père atteignait l'âge de soixante ans, on lui donnait une natte sur laquelle on le mettait et on l'obligeait à se tenir à la porte de la maison. Il y avait en ce temps deux frères; l'aîné dit au plus jeune: « Donnez à notre père un tapis pour que je l'oblige à se tenir à la porte ». Or, dans la maison il n'y avait qu'un seul tapis; le frère cadet en coupa la moitié et la donna à son père, en lui disant: « Voilà ce que vous donne mon frère aîné; ce n'est pas moi qui vous le donne ». Quand le frère aîné invita le père à aller se tenir à la porte, il dit à son frère cadet: « Pourquoi ne lui avez-vous pas donné le tapis tout entier et en avez-vous coupé la moitié pour la lui donner? » Le frère cadet répondit: « Il n'y avait qu'un seul tapis; si je n'en avais pas coupé la moitié pour la lui donner, plus tard où en aurais-je trouvé un autre? » Le frère aîné lui demanda: « A qui voulez-vous donner un autre tapis? » « Comment aurais-je pu, répliqua le cadet, ne pas en garder un pour qu'il vous soit donné? » Le frère aîné dit: « Pourquoi m'en donnerait-on un? » Le frère cadet répondit: « Vous deviendrez vieux et votre fils à son tour vous mettra à la porte ». En entendant ces mots, le frère aîné fut saisi petit-fils et qui combine d'une manière assez malheureuse le thème de la housse partagée à celui du pays où on se débarrasse des vieillards. — Sous une autre forme, qui nous a été conservée par les frères Grimm [1]), le grand-père ayant laissé tomber l'écuelle dans laquelle il mange sa pitance, le petit-fils en ramasse les débris afin de s'en servir plus tard pour son propre père. Dans la Kathāmañjarī tamoule, l'enfant cache simplement le tesson d'écuelle qui sert à son grand-père, mais c'est dans le même but [2]). — Dans les prédicateurs du moyen âge [3]), le grand-père a reçu un misérable manteau ou un morceau d'étoffe et l'enfant pleure jusqu'à ce qu'on lui ait donné la même chose; interrogé sur ce qu'il veut en faire, il répond qu'il réserve cela pour son père. — Dans une version du roman des sept sages [4]), l'enfant substitue au vieux manteau qu'on veut donner au grand-père un manteau neuf qu'il dérobe à son père; il garde le vieux manteau pour le donner plus tard à son propre père. — Enfin, d'après un conte grec moderne [5]), la coutume dans l'île de Hydra était de se débarrasser des vieillards en les mettant dans un panier que leurs propres enfants jetaient du haut d'un rocher. Au moment d'être précipité, un vieillard recommande à son fils de bien conserver le panier afin qu'on puisse plus tard en faire usage pour lui-même.

Le dernier registre de la dalle que nous étudions nous montre un cortège sortant d'une porte monumentale dont les constructions empiètent sur toute la partie de droite du troisième registre. Un cartouche explicatif paraît devoir être lu 減谷關東門 «la porte orientale de la passe Kien-kou». Mais il n'y a aucune passe de ce nom en Chine; on peut se demander si le premier caractère, qui est d'ailleurs d'une lecture difficile, ne doit pas être considéré comme l'équivalent du caractère hien 咸; d'autre part, si nous cherchons dans le dictionnaire *Tseng pou hiuan kin tseu houei* 增補懸金字彙 (éd. de 1786) le mot 函, nous trouvons qu'il peut se prononcer en premier lieu *han* 含 et en second lieu 咸 et c'est dans les exemples se référant à cette seconde

---

de frayeur et s'écria: «Cela m'arrivera-t-il aussi?» «Qui pourrait vous être substitué?» répondit le frère cadet, qui alors expliqua à son aîné que cette mauvaise coutume devait être généralement abolie. Les deux frères se rendirent donc auprès du conseiller d'état et lui exposèrent leur opinion. «Vous avez raison, dit le conseiller; pour nous aussi il y aura la vieillesse». Le conseiller parla au roi qui approuva son avis; une ordonnance fut rendue prescrivant que, dans le territoire du royaume, les habitants devaient soigner avec piété filiale leurs pères et leurs mères, que l'ancienne loi mauvaise était supprimée et qu'il ne serait pas permis de la rétablir».

1) N° 78 des *Kinder- und Hausmärchen*. A la date à laquelle j'écris, le tome I des *Anmerkungen zu den Kinder- und Hausmärchen der Brüder Grimm*, par Johannes Bolte et Georg Polívka, a seul paru; il ne va pas au delà du conte N° 60.

2) Voyez *Madras Civil Engineering College Papers* N° 1. *A text-book containing .... and forty selected stories of the Kaddmañjari* .... by T S. Râjagópála Mudaliyâr (second Edition, Madras, 1869). Ce volume, dont je dois la communication à M. Jules Bloch, est fort rare; je crois donc bien faire en reproduisant ici le texte intégral du conte qui se trouve à la p. 101: «A rich man used to feed his father with conjee from a potsherd. His son saw this and took the potsherd away and hid it. Afterwards the rich man seeing his father, asked him: «Where is the broken pot?» and thrashed him. The boy exclaimed: «Don't beat my grandfather. I took the broken pot and hid it, because, when I become a man, I shall not need to procure another for you.» On hearing this the rich man was ashamed, and from that day forward treated his father in a hospitable manner.» — Cf. W. A. Clouston, *Popular tales and fictions*, vol. II, p. 377.

3) Cf. Jacques de Vitry (de 1180 environ à 1240 environ) dans Th. F. Crane, *Exempla of Jacques de Vitry*, p. 121 et p. 260; Etienne de Bourbon (mort vers 1261), éd. Lecoy de la Marche, n° 161, p. 138.

4) Cf. Pio Rajna, *Una versione rimata dei sette savi* (dans *Romania*, X, p. 6—9).

5) Cf. Bernhard Schmidt, *Griechische Märchen, Sagen und Volkslieder*, Leipzig, 1877, p. 26. Je dois cette indication, et quelques-unes de celles qui précèdent, à mon savant confrère M. Cosquin, qui a bien voulu s'intéresser à mes recherches et qui consacrera quelque jour, je l'espère, au conte dont nous avons eu à nous occuper, une de ces excellentes monographies dont il a enrichi la science du folklore.

prononciation qu'est rangé le nom de la passe 函谷關 qu'il faut donc lire Hien-kou kouan, et non Han-kou kouan; il est dès lors fort admissible que, sur notre pierre, au lieu du caractère 函, on ait écrit son équivalent phonétique 咸, déformé en 減. La passe Hien-kou kouan est très célèbre dans l'histoire; elle est située au Sud-Ouest de la sous-préfecture de Ling-pao 靈寶 dans le Ho-nan et forme une de ces longues et sinueuses tranchées dans le loess au fond desquelles est tracée la route reliant le Ho-nan et le Chàn-si. Vers 299 av. J.-C., quand le fameux sire de Mong-tch'ang 孟嘗君 quitta précipitamment la cour du roi de Ts'in, on crut qu'on l'arrêterait sans peine à la passe Hien-kou: le règlement voulait en effet que les portes de la passe ne fussent ouvertes qu'au chant du coq; le fugitif allait donc être retenu pendant toute la nuit et ceux qui le poursuivaient pourraient ainsi l'atteindre; mais le prince avait, parmi les gens qu'il avait attachés à sa personne, un homme qui excellait à imiter le chant du coq; au cri que cet homme poussa, tous les coqs du voisinage répondirent, et les gardiens de la passe, trompés par le subterfuge, ouvrirent aussitôt les portes. Ainsi put s'échapper le sire de Mong-tch'ang [1]). Peut-être est-ce cette anecdote qui est représentée sur notre dalle, puisque aussi bien la porte *orientale* de la passe est précisément celle par laquelle on sort lorsque, comme le sire de Mong-tch'ang, on se rend du Chàn-si dans le Ho-nan. Cette interprétation reste cependant hypothétique, aucun cartouche ne nous permettant d'identifier les personnages du cortège.

Comme on le voit, cette dalle gravée méritait d'être signalée à l'attention des archéologues, car, d'une part, elle augmente sur plusieurs points notre connaissance des sujets familiers aux artistes de l'époque des Han et, d'autre part, elle nous apporte, avec l'explication d'une scène jusqu'ici mystérieuse, une forme iconographique ancienne d'un conte qui tient une place importante dans le folklore du monde. Notre seul regret est de ne pouvoir assigner à ce monument aucune date précise; s'il n'est pas de l'époque des Han orientaux, il nous semble du moins ne pouvoir être reporté à une époque beaucoup plus tardive.

---

1) Cf. *Sseu-ma Ts'ien*, chap. LXXV, p. 2 b.

II.

UNE STÈLE BOUDDHIQUE DE L'ANNÉE 528 p. C.

(Planches VIII—XI.)

Une pierre de la collection Alphonse Kann, qui a été exposée en 1913 au Musée Cernuschi sous le n° 577, présente une forme assez singulière; haute de 57 centimètres sur sa face postérieure, elle est profondément entaillée au sommet sur sa face antérieure qui n'a plus que 47 centimètres de haut; elle est large de 41 centimètres et épaisse de 22 centimètres. Il est difficile de se rendre compte du rôle qu'elle jouait; peut-être a-t-elle servi de support à une statue.

Si nous considérons d'abord la face antérieure (pl. VIII), nous voyons un Buddha assis, accompagné de plusieurs petits Buddhas dans une pose uniforme. Ce décor se répète sur les deux faces latérales. Au-dessous des sculptures de la face antérieure, on voit des inscriptions gravées sur deux registres. Commençant par le registre inférieur, voici ce que nous lisons [1]:

夫*照*暉潛曜。非儀像无以表
○其。玄教息唱。無眇典何以
○其*義。故神容虛變。而庄好
○○。覺音演昔。遺訓沾今。依
○○○○清源。滉三者騰身
彼岸。○○存己眞不歸詣。是
以佛弟子高法隆高世珍高
世寶高寶勝等兄弟四人識
趣沖津。樹因冥○。敬*造石像
一區。上爲皇帝陛下。下及七
世父母。所生父母。因緣眷屬。
一切衆生普蒙福資。俱獲極
樂。弥勒下生。願在初唱。
大魏永安元年歲次戊申十
一月十五日造訖
佛弟子寧遠將軍前好時令
高神婆

1) Je rappelle que cette inscription a déjà été l'objet d'un premier déchiffrement de M. Tchou Kia-kien 朱家熞 (cf. *Catalogue sommaire de l'exposition d'art bouddhique*, p. 83).

Traduction.

«Or, la lumineuse clarté ayant caché son éclat, s'il n'y avait pas les images on n'aurait aucun moyen de montrer son [état primitif] [1]); l'enseignement profond ayant cessé d'être proclamé, s'il n'y avait pas les règles excellentes [2]) de quelle manière [en connaîtrait-on] le sens? [3]) Ainsi donc, bien que le visage divin se soit transformé dans le Nirvāṇa, sa majesté et ses caractéristiques [4]) [nous ont été conservées] [5]); quoique la voix de l'Illuminé remonte à un lointain passé, les instructions qu'il a laissées sont profitables au temps présent [6]); en s'appuyant sur ○ ○ ○ ○ la source pure; en se fondant sur la triade [7]), on fait bondir sa personne jusque sur l'autre rivage [8]); ○ ○ et en se conservant soi-même, en vérité on ne retourne pas vers (le but) [9]). Pour ces raisons, les quatre frères, disciples du Buddha, Kao Fa-long, Kao Che-tchen, Kao Che-pao et Kao Pao-cheng, comprenant où était le gué profond des gati [10]) et plantant la mystérieuse [racine] des causes [11]), ont fait avec respect une figuration sur pierre. En premier lieu, que (cette œuvre pie) soit pour le bénéfice de Sa Majesté l'Empereur; en second lieu, qu'elle s'étende aux ancêtres tant hommes que femmes (des donateurs) jusqu'à la septième génération, à leurs père et mère qui les ont mis au monde, à ceux qui leur sont apparentés en vertu de causes antérieures; que la multitude de tous les êtres vivants profite universellement de ce principe de bonheur; que tous obtiennent la félicité

---

1) C'est-à-dire: depuis que le Buddha est entré dans le Nirvāṇa comment connaîtrait-on ce qu'il fut si on n'avait pas des images pour le représenter? Il y a d'ailleurs ici une interversion dans le texte, et le mot illisible qui précède le caractère 其 doit en réalité le suivre.

2) 眇 est l'équivalent de 妙.

3) En d'autres termes: depuis que la voix du Buddha a cessé de se faire entendre, comment connaîtrait-on ses enseignements si on ne possédait pas les livres saints? — Ce début énonce l'idée que les statues sont comme le reflet de la personne du Buddha, et que les livres saints sont comme l'écho de sa voix. D'où résulte l'utilité des œuvres pies consistant à faire des images bouddhiques ou à répandre les écrits de la religion. Ces affirmations se retrouvent dans plusieurs des inscriptions de Long-men. Par exemple dans une inscription de 520 (cf. *Mission...*, fig. 571), le début est ainsi conçu: 夫沖宗凝湛。非妙像無以啓其原。至道玄微。非詮莫能尋其本。 «Or le principe suprême (c. a. d. le Buddha) étant intensément profond, si on n'avait pas les merveilleuses images, comment pourrait-on en découvrir la forme originale? la doctrine parfaite (c'est-à-dire l'enseignement du Buddha) étant obscure et subtile, si on n'avait pas les ○ explications, personne ne pourrait en rechercher les fondements.» Cf. aussi *Mission...*, fig. 545 et 582.

4) Le mot 好 doit avoir ici le sens qu'il a dans l'expression 相好 désignant les marques distinctives primaires (les 32 siang) et secondaires (les 80 hao) qui sont sur la personne du Buddha.

5) Grâce aux images, nous connaissons quel était l'aspect du Buddha.

6) Grâce aux livres saints, nous savons quels étaient les enseignements du Buddha.

7) Buddha, Dharma, Saṃgha.

8) On parvient au Nirvāṇa si on confie sa personne dans la triade représentée par le Buddha, la Loi et la Communauté.

9) Au contraire, si on n'a que des idées égoïstes de conservation personnelle, on n'avance pas dans la voie du salut. Le sens de cette phrase reste cependant douteux.

10) Le mot 趣 désigne les voies (gati), c'est-à-dire les six conditions dans lesquelles les êtres vivants sont engagés aussi longtemps qu'ils restent dans le cycle des naissances et des morts; pour échapper à ce cycle, et par suite aux gati, il faut connaître où est le gué; ce gué nous est fourni par les œuvres pies.

11) En faisant une œuvre pie, les donateurs ont planté ou constitué une cause de bonheur qui produira une rétribution.

suprême; puissent-ils, quand Maitreya descendra naître ici-bas [1]), être les premiers à entonner (les récitations) [2]).

Sous la grande dynastie Wei, la première année yong-ngan, le rang de l'année étant wou-chen, le quinzième jour du onzième mois (10 Décembre 528), ceci a été terminé.

Le disciple du Buddha, général qui impose le calme au loin, ex-sous-préfet de Hao-che, Kao Chen-p'o [3]).»

Le registre supérieur comprend 17 lignes; au milieu, entre la huitième et la neuvième ligne, on remarque une séparation indiquée par deux traits verticaux parallèles. C'est à partir de cette démarcation qu'il faut lire le texte en allant d'abord de droite à gauche; ensuite on devra revenir à droite des deux traits verticaux du milieu; puis on repassera à gauche et encore une fois à droite; on verra ainsi se constituer une liste des parents des donateurs qui suit une gradation régulière; d'abord, partant du milieu et allant de droite à gauche, nous lisons:

高祖高雙 «l'arrière-grand-père Kao Chouang».

征西將軍秦州刺史祖諱朗 «le général qui triomphe dans l'Ouest, préfet de Ts'in tcheou [4]), le grand-père dont le nom personnel est Lang».

建威將軍頻陽令叔祖諱道平 «le général qui établit le prestige, sous-préfet de P'in-yang [5]), le grand-oncle paternel cadet dont le nom personnel est Tao-p'ing».

寧遠將軍北平太守伯父諱洪達 «le général qui impose le calme au loin, gouverneur du Pei-p'ing [6]), l'oncle paternel aîné, dont le nom personnel est Hong-ta».

Nous nous reportons maintenant à droite du double trait du milieu et nous lisons en allant de droite à gauche:

伯父諱洪引* «l'oncle paternel aîné dont le nom personnel est Hong-yin*».

伯父諱圭*洪 «l'oncle paternel aîné dont le nom personnel est Kouei*-hong».

叔父諱洪傑 l'oncle paternel cadet dont le nom personnel est Hong-kie».

---

1) On sait que Maitreya est le Buddha futur qui apparaîtra après Çākyamuni.

2) Dans une inscription de l'année 565 (cf. *Kin che ts'ouei pien*, chap. XXXIV, p. 1a), on lit: 當來龍華。願昇初唱。« Quand se produiront les réunions sous l'arbre aux fleurs de dragon (nāgapuṣpa, l'arbre de Maitreya), je désire qu'ils s'élèvent au nombre de ceux qui les premiers entonneront les récitations.»

3) Ce personnage, qui doit être apparenté aux donateurs, est vraisemblablement l'auteur de l'inscription. Au lieu de 好時 «Hao-che» qui ne répond à rien, je propose de lire 好畤 «Hao-tche»; la sous préfecture de Hao-tche, dont le nom rappelle un des lieux saints des Ts'in, se trouvait à 10 li au Nord-Est de la préfecture secondaire de K'ien 乾, dans la province de Chàn-si.

4) A l'Est de l'actuelle sous-préfecture de Ts'in-ngan 秦安, qui dépend de la préfecture secondaire de Ts'in 秦 dans la province de Kan-sou.

5) A 50 li au Nord-Est de l'actuelle sous-préfecture de Fou-p'ing 富平, qui dépend de Si-ngan fou 西安, dans la province de Chàn-si.

6) La commanderie de Pei-p'ing, à l'époque des Wei du Nord, avait son centre administratif au Nord-Est de la sous-préfecture actuelle de Wan 完 qui dépend de la préfecture de Pao-ting 保定 dans la province de Tche-li.

Nous revenons à gauche et nous lisons de gauche à droite:

思安令兄名沛士 «le sous-préfet de Sseu-ngan[1]), le frère aîné, dont le nom personnel est P'ei-che».

豪平湟 ○ ○ 兄名阿 ○ «..... le frère aîné dont le nom personnel est A-○».

Enfin, repassant pour la dernière fois à droite, nous lisons:

兄名阿隆 «le frère aîné dont le nom personnel est A-long».

兄名蠻猿 «le frère aîné dont le nom personnel est Man-yuan».

弟名龍歡 «le frère cadet dont le nom personnel est Long-houan».

弟名白 ○ «le frère cadet dont le nom personnel est Po-○».

○ ○ 名 ○ ○ «..... dont le nom personnel est ○-○».

Au revers du monument (pl. IX), on voit un Buddha assis dans une niche que borde au sommet une bande décorative dont les extrémités se recourbent en forme de têtes d'oiseau stylisées; plus haut, au-dessus d'un encadrement formé d'ornements disposés d'une manière régulière, des devatās volent dans les airs; à droite est le disque du soleil dans lequel on peut discerner l'oiseau à trois pattes qui en est le symbole; à gauche est le disque de la lune dans lequel on voit le crapaud, bizarrement figuré avec la tête en bas, et le lièvre reconnaissable à ses longues oreilles (cf. *Mission*..., fig. 31 et 53). Aux côtés du Buddha central se tiennent les deux Bodhisattvas debout sur un objet qui a la forme d'un fagot dressé verticalement; ce support se retrouve dans les sculptures de l'époque des Wei à Yun-kang (cf. *Mission*..., fig. 235 et 269). Extérieurement à la niche, on voit, sous des toits de maison, deux personnages qui sont apparemment les deux religieux dont le concours a été demandé à l'occasion de la consécration de ce monument; leurs noms sont écrits à droite; l'un d'eux est «le bhikṣu Tao-kouei» 比丘道龜; le second est «le donateur de ○, le bhikṣu Wang Wan*-king» ○ 主比丘王曼*敬. Le bhikṣu de droite tient en main une sorte de palme; devant le bhikṣu de gauche est suspendue une cloche (cf. *Mission*..., fig. 702, à gauche). A droite et à gauche de la niche se tiennent deux lions. Sous la niche est un brûle-parfums stylisé dont le pied est enlacé par deux dragons. Le reste de la pierre est occupé par les portraits des donateurs et de leur famille; nous avons donc:

à droite du brûle-parfums, «le père (des donateurs), Kao Hong-tch'ang» 父高洪暢;

à gauche du brûle-parfums, «la mère (des donateurs), (dame) Tchang Tsao-○» 母張早 ○;

à droite, «le donateur de la représentation figurée, Kao Fa-long» 像主高法隆; Kao Fa-long est le premier des quatre frères mentionnés dans l'inscription;

à gauche, nous trouvons «la femme (de Kao Fa-long), (dame) Fou ○-○» 婦傅 ○ ○;

à droite, «le frère cadet Kao Che-tchen» 弟高世珎;

à gauche, «la femme du frère cadet, (dame) ○ ○-jen» 弟婦 ○ ○ 仁.

---

1) Sseu-ngan ne se trouve pas dans le dictionnaire de Li Tchao-lo en tant que sous-préfecture des Wei du Nord.

Passant maintenant au registre inférieur et, suivant la même marche alternative à droite et à gauche en commençant par le milieu, nous voyons:

à droite du milieu, «le frère cadet Kao Che-pao» 弟高世寶;

à gauche du milieu, «la femme du frère cadet, (dame) Tcheng Wei-hiang» 弟婦鄭唯香;

à droite, «le frère cadet Kao Pao-cheng» 弟高寶勝;

à gauche, «la femme du frère cadet, (dame) Wang Long-fei» 弟婦王龍妃;

à droite, «le fils dont le nom personnel est Seng-chouen» 息僧慎;

toujours à droite, «le fils dont le nom personnel est Seng-siu» 息僧緒;

à gauche, nous trouvons «la fille Kao Che-seng» 女高石僧, et «la nièce Kao Niu-hao» 姪女高女好.

L'énumération paraît se continuer sur la face latérale adjacente (pl. X), mais ici il n'y a plus d'images correspondant aux noms et ceux-ci ne sont plus distribués aussi régulièrement que sur l'avers; nous les lisons donc simplement en allant de droite à gauche:

«la sœur aînée A-k'ouei» 姊阿績*;

«la sœur cadette Niu-lang» 妹女郎;

«la fille Tchao-yi» 女照儀;

«la fille ○-niu» 女○女;

«la tante paternelle aînée King Wen-ki» 伯母景文姬;

«la belle-sœur Pei Chou-niu» 娌彼[1] 叔女;

«la belle-sœur Wang Niu-yu» 娌王女玉;

«la nièce Chŏ-lo» 姪舍落;

«la nièce Ling-tche» 姪領秩.

Enfin, sur cette même face latérale, à la hauteur de la niche principale, il y avait deux indications écrites; celle de gauche est entièrement détruite à l'exception du dernier mot qui est 姪; celle de droite se lit:

佛弟子王○龍 «le disciple du Buddha Wang ○-long».

Sur l'autre face latérale (pl. XI), on ne lit qu'un seul nom; c'est sur le bord de gauche, le nom du çramaṇera Wan(?)-che 沙弥曼*世.

Dans ce monument, ce qui nous intéresse, ce ne sont pas les scènes représentées puisqu'elles sont peu variées; mais c'est le style de l'écriture, qui est un excellent spécimen de la calligraphie des Wei du Nord, et c'est aussi la facture sèche et minutieuse de la sculpture.

---

1) Le caractère 彼 n'est pas un nom de famille; le mot qui est écrit ici est cependant identique à celui qui apparaît au sommet de la ligne 6 de l'inscription principale (pl. VIII), dans l'expression bien connue 彼岸.

III.

UNE SCULPTURE BOUDDHIQUE DE L'ANNÉE 543 p. C.

(Planches XII—XXXVIII.)

On peut admirer au Musée Cernuschi, où il est provisoirement déposé, un fort beau spécimen de la sculpture bouddhique chinoise qui a été acquis par M. Victor Goloubew (pl. XII). Il a pour base une pierre quadrangulaire qui mesure 77 centimètres sur ses faces antérieures et postérieures, 62 centimètres sur ses faces latérales et 31 centimètres sur chacune de ses arêtes, et qui se termine en haut par un lotus dont les pétales sont renversés; en avant du lotus sont deux lions couchés entre lesquels devait se trouver un personnage dont le buste seul émergeait et supportait un brûle-parfums (pl. XIX); tout ce groupe est fort endommagé, mais il est facile de le reconstituer par l'imagination puisqu'il se retrouve assez fréquemment dans l'iconographie bouddhique [1]). Le centre du lotus qui forme le sommet de la base est percé d'un trou dans lequel s'emboîte par un tenon la pierre qui constitue la partie principale du monument. Cette pierre, qui est épaisse de 21 centimètres, mesure 29 centimètres de large et 96 centimètres dans sa plus grande hauteur; elle est brisée et tout le sommet fait défaut; elle devait avoir primitivement la forme de l'auréole oblongue sur laquelle se détachent le plus souvent les statues du Buddha.

Comme on le verra par les épithètes spécifiques que s'attribuent les donateurs, les diverses parties de la sculpture peuvent être identifiées; nous sommes donc en mesure de décrire le monument avec précision. Au milieu de la face principale se tient debout le Buddha Çākyamuni (pl. XVI): sa main droite, mutilée, devait faire le geste de l'absence de crainte (abhayapāṇi-mudrā); celle de gauche est dans l'attitude du don (vara-mudrā); les cheveux de la protubérance crânienne (uṣṇīṣa) et de la tête sont ondés; les oreilles sont, suivant l'usage, énormes. A la droite et à la gauche de Çākyamuni sont deux moines à tête rasée, Ānanda et Kāçyapa; leurs mains, réunies sur la poitrine, sont dissimulées par leurs manches. Plus en dehors sont deux Bodhisattva (pl. XVII et XVIII); les rubans qui retiennent leur vêtement sont fixés à la hauteur du nombril par

1) Voyez notamment le relief de l'année 527 reproduit d'après un estampage par Bushell (*Chinese Art*, fig. 21); dans ce monument, M. Pelliot (*B. E. F. E. O.*, 1905, p. 213) estime qu'il faut voir entre les deux lions «un personnage figuré seulement à mi-corps, vu de face, et supportant de la tête et des bras une coupe de fruits qu'il offre à la divinité». Mais, sans prétendre repousser d'une manière absolue cette interprétation, je dois dire que, toutes les fois que j'ai trouvé mentionné dans des inscriptions l'objet qui est placé entre les deux lions, il était appelé 香爐, c'est-à-dire brûle-parfums (cf. *Mission*..., N° 744, et une autre inscription de Long-men, non reproduite, de l'année 660 p. C.).

un large anneau au centre duquel ils se croisent; ce mode d'attache se retrouve dans les sculptures de Yun-kang et dans celles de Long-men (cf. *Mission* . . ., Nos 271, 276 et 346). Le Bodhisattva de gauche tient de la main droite un flacon; celui de droite tient de la main gauche une sorte de palette dans l'anse de laquelle il passe les deux doigts du milieu, tandis qu'il tient allongés l'index et le petit doigt; le flacon et la palette sont les attributs fréquents, quoique non constants, des deux Bodhisattvas dans le groupe formé d'un Buddha central, de deux moines et de deux Bodhisattvas [1]). Les deux moines et les deux Bodhisattva sont debout sur des lotus dont les tiges plongent dans un étang symbolisé par deux dragons ou nāga entre lesquels s'épanouit le lotus principal supportant la statue de Çākyamuni (pl. XVI). Au sommet de la pierre (pl. XVI), dans la partie qui fait aujourd'hui défaut, il devait y avoir une image du Buddha Maitreya, comme nous le verrons plus loin en étudiant la liste des donateurs.

Sur chacune des tranches de la stèle (pl. XXV—XXVIII), une divinité debout représente Kouan-che-yin (Avalokiteçvara).

Au revers (pl. XX), le motif principal est celui du Buddha To-pao (Prabhūtaratna) s'entretenant avec Çākyamuni (pl. XXII); cette scène est figurée à Yun-kang et à Long-men où les deux Buddha assis dans une même niche se trouvent fréquemment. Toutes les fois qu'un texte écrit nous informe de leur identité, nous apprenons qu'ils sont Prabhūtaratna et Çākyamuni [2]); l'origine de cette représentation doit être cherchée, comme me l'a indiqué M. Foucher, dans le *Lotus de la bonne Loi* [3]): d'après ce livre saint, au-dessus de l'assemblée qui écoute la prédication de Çākyamuni apparaît soudain le stūpa contenant le corps du Tathāgata Prabhūtaratna; Çākyamuni s'élève dans les airs, fend par le milieu le stūpa avec l'index de sa main droite et prend place à côté de Prabhūtaratna; la foule des Bodhisattva et des religieux contemple alors le spectacle admirable des deux Buddha conversant ensemble. Sur notre monument, les moines agenouillés au-dessous du siège des deux Buddha et les deux grands Bodhisattva debout de chaque côté (pl. XXI et XXIII) doivent être ces adorateurs émerveillés dont parle le sūtra. Au-dessous des moines on voit un lotus aux étamines et au pistil très stylisés (pl. XXIV); de part et d'autre sont deux lions aux crinières hérissées qui ont leurs analogues dans le bas-relief de l'année 527 publié par le Dr. Bushell (*Chinese Art*, fig. 21). Au sommet de la pierre (pl. XXI), dans la partie qui fait défaut, il devait y

---

1) Cf. *Mission* . . ., Nos 287 et 289, où les deux Bodhisattva qui sont l'un à la droite, l'autre à la gauche du Buddha central (lequel est invisible) tiennent tous deux la palette; nos 297 et 299, où il en est de même; n° 308 et nos 380 et 394, où le Bodhisattva de gauche tient la palette, tandis que le Bodhisattva de droite tient le flacon; nos 345 et 346, où le Bodhisattva de droite tient la palette, tandis que le Bodhisattva de gauche tient le flacon.

2) Cf. *Mission* . . ., n° 615, col. 2 et 3 釋加牟尼佛多寶佛二區; nos 419 et 421, la seule niche où il y ait deux Buddhas côte à côte est celle de 釋迦多寶二佛; voyez aussi une plaque de bronze reproduite, d'après les *Selected Relics* de Tajima, dans Münsterberg, *Chinesische Kunstgeschichte*, t. II, p. 171; à l'exposition d'art bouddhique du Musée Cernuschi, deux petits bronzes, l'un de l'année 518, l'autre de l'année 519, représentaient deux Buddha assis côte à côte, et les inscriptions, dans ces deux cas encore, nous donnaient le nom de Prabhūtaratna (cf. V. Goloubew et d'Ardenne de Tizac, *Catalogue sommaire de l'exposition d'art bouddhique*, Nos 435 et 440).

3) Cf. Burnouf, *Lotus de la bonne Loi*, pp. 141, 181, 234; Tripiṭaka de Tôkyô, XI, fasc. 1, p. 31 *b*, 37 *a*.

avoir une image de Brahma qui occupait ainsi sur le revers la même place que l'image de Maitreya sur l'avers.

Si nous passons maintenant à l'examen du piédestal, nous remarquons dix personnages qui sont rangés au nombre de quatre sur la face postérieure (pl. XX) et au nombre de trois respectivement sur chacune des faces latérales (pl. XXV et XXVII). Si nous les énumérons en commençant par une des faces latérales de façon à tourner autour du monument en l'ayant à notre droite (pradakṣiṇa), nous avons la liste suivante:

1. (pl. XXV, à droite, et pl. XXIX): le roi-esprit des nāgas 龍神王. Sa tête est celle du dragon.

2. (pl. XXV, au milieu, et pl. XXX): le roi-esprit des vents 風神王. Sa chevelure est emportée par un souffle violent; il tient à deux mains une outre qui évoque le souvenir des outres d'Eole dans la mythologie grecque et qui est une importante particularité iconographique.

3. (pl. XXV, à gauche, et pl. XXXI): le roi-esprit des perles 珠神王. Il contemple une grosse perle ovale qu'il tient dans sa main droite.

4. (pl. XX, à droite, et pl. XXXII): le roi-esprit des ? ○神王. Ce dieu, qu'il est impossible de spécifier à cause d'une cassure de la pierre qui a fait tomber le caractère essentiel de son nom, paraît être le dieu du feu.

5. (pl. XX, au centre mais à droite, et pl. XXXIII): le roi-esprit des arbres 樹神王. Il tient de la main droite un arbre.

6. (pl. XX, au centre mais à gauche, et pl. XXXIV): le roi-esprit des montagnes 山神王. On voit derrière lui des masses noirâtres qui doivent symboliser des rochers; de la main droite il tient un joyau que nous retrouverons dans les nos 8 et 10.

7. (pl. XX, à gauche, et pl. XXXV): le roi-esprit des [poissons] [魚] 神王. Quoique le caractère essentiel du nom soit tombé, il paraît aisé de le rétablir, tant l'image est claire. Ce dieu porte sur son cou un poisson dont il tient la queue dans sa main gauche.

8. (pl. XXVII, à droite, et pl. XXXVI): le roi-esprit des éléphants 象神王. Il a une tête d'éléphant; il tient de la main droite un lotus et de la main gauche un joyau.

9. (pl. XXVII, au milieu, et pl. XXXVII): le roi-esprit des oiseaux 鳥神王. Il a un bec d'oiseau et tient de la main gauche un lotus.

10. (pl. XXVII, à gauche, et pl. XXXVIII): le roi-esprit des lions 師子神王. Il porte sur sa tête un mufle stylisé de lion dont on aperçoit bien les crocs; il tient de la main droite un joyau et de la main gauche un lotus.

Cette série reparaît tout en bas d'une des grottes bouddhiques de Kong hien 鞏縣 (province de Ho-nan), comme on peut le voir par une des photographies que j'ai prises en 1907 (*Mission*..., pl. CCLXXI, fig. 406); sur le cliché, on distingue le roi des poissons, puis le roi des éléphants et un troisième personnage qui devait être le roi des oiseaux; il est très probable, quoique mes souvenirs ne me permettent pas de l'affirmer, que la série complète des dix rois figure au bas de cette grotte dans le même ordre que sur notre piédestal. Les sculptures de Kong hien ont pour terminus a quo, si on tient compte des inscriptions qui les accompagnent, l'année 531; il est donc possible que le bas-relief que j'ai photographié soit à peu près contemporain du monument de 543 qui est maintenant à Paris; en tout état de cause, l'identité des deux séries de rois prouve que nous avons affaire ici à un thème constant qui doit reparaître fréquemment dans l'iconographie bouddhique.

Si cette conclusion est justifiée, il serait possible que la liste des dix rois eût inspiré le peintre Li Long-mien 李龍眠 (+ 1106) dans la fameuse représentation qu'il a faite de la légende de Hārītī, la mère des fils démons 鬼子母; on sait que le Musée Guimet possède une excellente copie de cette œuvre qui est reproduite maintenant en fac-simile dans une des publications dues à l'initiative de M. Guimet [1]); si on analyse le cortège des démons, il semble qu'on puisse retrouver les personnages suivants en allant de gauche à droite, à partir du groupe qui figure la mère des démons entourée de ses suivantes: les génies des montagnes, reconnaissables aux blocs énormes de rochers qu'ils transportent; le roi des lions, assis sur un lion et coiffé, comme sur notre piédestal, d'une peau de lion dont on voit la tête; le cortège du roi des lions est suivi de deux personnages montés sur des animaux fantastiques que je n'identifie pas; puis vient le génie des éléphants dont la monture a bien les oreilles et les défenses de l'éléphant, mais manque fâcheusement de trompe; le personnage qui chevauche une sorte de tortue paraît être le génie du feu et devrait être identifié avec le quatrième des rois de notre liste, celui qui est resté indéterminé à cause de la mutilation du cartouche; voici maintenant le génie des arbres dont le bizarre cortège est séparé de son maître par quelques personnages dont l'un est un poisson et pourrait être le roi des poissons; ne serait-ce pas le génie des vents qui fend les airs assis sur une chaise que porte un dragon ailé et que soutiennent deux suivantes également ailées? le génie des oiseaux ne serait-il pas cette femme à bec d'oiseau qui tient une gourde de laquelle s'échappent une multitude d'oiseaux? enfin le génie des nāgas est peut-être la femme qui tient un long serpent dans ses mains, quoique la mangouste ou nakula qu'elle porte sur sa tête reste inexplicable. Quant au génie des perles, je renonce à le découvrir; mais il est, à vrai dire, le seul qui manque à l'appel; si on tient compte des libertés qu'a pu prendre avec la tradition un artiste de l'originalité de Li Long-mien, on reconnaîtra que c'est bien cependant la tradition qui explique cet étrange cortège, dont l'idée inspiratrice nous échappait jusqu'ici, et, dans la peinture de Li Long-mien, on retrouve, transformée par l'imagination créatrice d'un grand peintre du onzième siècle, la même frise qui se déroule au sixième siècle sur les parois d'une grotte de Kong hien comme sur le piédestal de notre monument.

Ce rapprochement avec la peinture de Li Long-mien nous amène à une nouvelle constatation: d'après cette peinture, en effet, les génies qui suivent la mère des démons sont ses fils et sont donc eux-mêmes des démons; voilà la raison pour laquelle ces personnages sont figurés soit sur un piédestal soit au bas d'une grotte; ils sont dans une position humiliée; ils sont soumis et domptés par les figures bouddhiques qui les

---

1) Dans le *T'oung pao* de 1904, p. 490—499, j'ai exposé les raisons qui me faisaient opiner pour l'inauthenticité de l'œuvre possédée par le musée Guimet; pour n'être pas un original, cette peinture conserve cependant une réelle valeur documentaire.

surmontent; peut-être ont-ils été à l'origine des divinités populaires, mais, dans les sculptures bouddhiques, ils apparaissent comme dominés et comme écrasés par la religion nouvelle qui en a fait des yakṣas.

Sur la face antérieure du piédestal (pl. XII), à droite et à gauche de la partie inscrite, on voit un vajrapāṇi 金剛, c'est-à-dire un roi qui soumet les démons. Celui de droite (pl. XIV) porte de la main gauche un flacon; les mots 金剛主 «le donateur du Kin-kang» paraissent former une phrase incomplète puisque le nom du donateur est absent. Le génie placé à gauche de l'inscription (pl. XV) porte de la main gauche un vajra ou foudre dont les extrémités sont en forme de fer de lance; on lit ici les mots suivants: 金剛主董金光供養 «Tong Kin-kouang, donateur du Kin-kang (Vajrapāṇi), a présenté ceci en offrande». Faut-il admettre que Tong Kin-kouang est le donateur dont la contribution a payé la sculpture des deux Vajrapāṇi, ou a-t-on oublié de graver le nom du donateur de l'autre Vajrapāṇi? C'est une question dont la solution nous échappe et ne présente d'ailleurs aucune espèce d'intérêt.

Entre les deux Vajrapāṇi on lit une dédicace accompagnée d'une liste de donateurs (pl. XIII). Voici d'abord la dédicace:

唯大魏武定元年。歲次癸亥。五
月庚寅朔十五日甲辰。
夫聖覺凝淵。非刑像無以視其
眞。是以清信士佛弟子駱子寬
等七十人。仰爲 皇帝 陛下。
七世見存。敬造釋迦石像一區。
願使法界衆生。息心歸无。功兼
物我。捨著兩軀。有無名一。乘實
鴐權。十方思運矣。比丘尼僧志

«Sous la grande dynastie Wei, la première année wou-ting, le rang de l'année étant kouei-hai, le cinquième mois dont le premier jour est le jour keng-yin, le quinzième jour qui est le jour kia-tch'en (2 Juillet 543).

La sainte intelligence est intensément profonde; si on n'a pas des images[1]), on n'a pas le moyen d'en voir le véritable aspect[2]). C'est pourquoi soixante-dix personnes, à la tête desquelles est l'homme pur et croyant, disciple du Buddha, Lo Tseu-k'ouan, révérencieusement pour le bénéfice de Sa Majesté l'Empereur, pour celui de leurs ancêtres

1) Le mot 形 est écrit 刑 dans l'inscription; cette substitution est fréquente dans les textes anciens. Par exemple dans une inscription de l'année 564 (cf. *Kin che ts'ouei pien*, chap. XXXIII, p. 8a), on lit: 有刑之類 «toutes les sortes d'êtres ayant une forme sensible».

2) Les dédicaces insistent souvent sur la nécessité d'avoir des images matérielles pour fixer l'idée qu'on se fait du Buddha.

de sept générations, et pour celui de leurs parents encore en vie [1]), on fait avec respect une image en pierre de Che-kia (Çākyamuni). Ils désirent que, par ce moyen, les innombrables êtres du monde de la Loi de tout leur cœur fassent retour à l'impersonnalité [2]); que cette action méritoire s'étende en même temps aux êtres extérieurs et au moi; qu'on abandonne la double individualité, cause d'attachement [3]); que l'être et le non-être n'aient plus qu'un seul nom; que, profitant de la réalité et employant la présence momentanée [4]), la pensée des dix régions se transporte au delà [5]).

La bhikṣuṇī Seng-tche. »

Cette courte inscription est surmontée et suivie de toute une liste de donateurs qui, à vrai dire, ne comporte pas soixante-dix noms, comme le texte de la dédicace pourrait le faire supposer, mais qui en compte soixante-dix-huit. Les cinquante et un noms qui suivent l'inscription sont uniformément précédés du terme 邑主 «l'habitant de la ville» à l'exception des trois premiers qui sont précédés de l'épithète 邑老 «le vieillard de la ville».

Les vingt-sept noms du registre supérieur comportent des qualifications plus variées. Le premier est celui du «maître de la ville, Fa-ts'ien» 邑師法遷; c'est le religieux qui a été choisi comme le patron spirituel de l'œuvre pie. Puis viennent treize «donateurs de l'image» 像主. Ce sont eux sans doute qui ont fait les frais de la statue principale, celle de Çākyamuni. Le neuvième d'entre eux n'est autre que ce Lo Tseu-k'ouan que mentionne la dédicace.

Le personnage suivant est appelé 齋主 [6]); ce terme signifierait littéralement «le donateur du jeûne»; mais il désigne selon toute vraisemblance le donateur qui a subvenu aux dépenses du banquet offert aux moines à l'occasion de l'inauguration de la statue; ce banquet, se composant d'aliments maigres, peut être désigné par le mot 齋.

Le 光明主 «donateur de la clarté» est apparemment celui aux dépens de qui a été célébrée la fête à l'occasion de l'ouverture des yeux de la statue [7]).

---

1) L'expression 七世見存 est elliptique pour 七世父母見存父母.

2) Le terme 无 n'est pas à proprement parler le non-être; c'est l'absence de personnalité. Dans le même sens, le *Tao tö king* (§ 14) dit: 復歸於无物 «il rentre dans l'impersonnel».

3) Le moi et le monde extérieur s'opposent l'un à l'autre comme deux entités distinctes, et cette dualité provoque le désir 貪欲 qui s'applique aux êtres extérieurs; en supprimant toute différence entre le moi et le non-moi, on rompra cette application du désir 破欲著 (cf. *Ta ming san tsang fa chou*, s. v. 二種破著); dans notre inscription, la phrase 捨著兩軀 me paraît signifier «abandonner la double personnalité qui est cause que le désir s'applique ou s'attache au monde extérieur».

4) Le mot 實 «réalité» désigne le Buddha dans son essence, en tant que noumène; le mot 權 «momentané» désigne le Buddha dans son apparition momentanée au milieu du monde sensible, en tant que phénomène.

5) Que la pensée des êtres qui sont dans les dix régions de l'univers se transporte au delà de ces dix régions et atteigne à l'absolu. Les dix régions sont celles qui se trouvent aux quatre points cardinaux, aux quatre directions intermédiaires, au zénith et au nadir.

6) On retrouve cette expression dans plusieurs inscriptions bouddhiques; cf., par exemple, une inscription de 662 dans le *Kin che sin pien*, chap. V, p. 6 a.

7) Cette explication est confirmée par les expressions 開佛光明主 (dans *Kin che siu pien*, chap. II, p. 7 a) et 開佛眼主 (*ibid.*, chap. V, p. 6 a).

Le 登王像主 est le «donateur des rois du piédestal». Le mot 登 est ici l'équivalent du mot 凳 qui désigne un marchepied et qui convient bien pour signifier un piédestal. Les rois du piédestal sont les dix divinités dont nous avons énuméré plus haut les noms (pl. XXIX—XXXVIII).

Deux donateurs portent tous deux la même épithète à laquelle malheureusement manque dans les deux cas le premier mot. Ce sont les «donateurs des Bodhisattvas ○-siang» ○葙菩薩主. Le mot 葙, qui peut être d'ailleurs l'équivalent du mot 箱, ne m'a pas permis à lui seul de déterminer le nom de ces deux Bodhisattvas; du moins pouvons-nous dire avec certitude que ces Bodhisattvas sont ceux qui figurent au revers de la stèle à droite et à gauche de la niche où sont assis Çākyamuni et Prabhūtaratna (pl. XXI et XXIII); en effet, le nom des donateurs de ces Bodhisattvas est suivi immédiatement de celui du «donateur de la statue de To-pao (Prabhūtaratna)» 多寶像主 (pl. XXII) [1]).

La mention du «donateur du roi Brahma» 梵王主 nous apprend que, dans la partie manquante de la stèle, il devait y avoir, au revers, une image de Brahma placée au-dessus de la niche de Çākyamuni et de Prabhūtaratna.

Le «donateur des deux statues de Kouan-che-yin» 觀世音二像主 est celui qui a fait exécuter les deux statues figurant respectivement sur chacune des deux tranches du monument (pl. XXVI et XXVIII).

Si nous passons maintenant à la considération de l'avers de la stèle, le «donateur des deux Bodhisattvas» 二菩薩主 et le «donateur d'Ānanda et de Kāçyapa» 阿難迦葉主 sont les donateurs des quatre personnages qui encadrent le Buddha central dont le nom, d'après la dédicace, est Çākyamuni (pl. XII).

Le nom du «donateur de l'image de Mi-le (Maitreya)» 弥勒像主 nous révèle qu'une image de Maitreya devait se trouver au sommet de l'avers de la stèle, dans une position symétrique à celle qu'occupait au revers l'image de Brahma.

Le «donateur du feu des parfums» 香火主 pourrait être celui qui a payé l'encens; mais si on considère que le terme 香火 en est venu à signifier ceux qui font brûler les parfums, c'est-à-dire les domestiques d'un temple, peut-être le «donateur du feu des parfums» est-il simplement celui qui a payé la gratification d'usage aux serviteurs du temple.

Le dernier donateur est appelé 邑主, ce qui signifierait «le donateur, habitant de la ville», mais ce qui ne nous renseigne point sur son rôle particulier.

Comme on le voit par cette courte étude, les indications écrites que présente notre monument nous ont permis de l'expliquer à coup sûr et nous ont fourni incidemment le moyen d'éclaircir d'autres représentations analogues à celles du piédestal; il serait fort à souhaiter que les heureuses chances de cette sorte fussent plus fréquentes; notre connaissance de l'iconographie bouddhique en Extrême-Orient en deviendrait plus complète et plus ferme.

---

1) Le nom de To-pao suffit ici à désigner le groupe formé de Prabhūtaratna et de Çākyamuni. Cf. le *Catalogue sommaire de l'exposition d'art bouddhique*, Nos 435 et 440.

IV.

UNE STÈLE DE L'ANNÉE 554[1].

(Planches XXXIX—XLV.)

Parmi les pièces exposées au printemps de 1913 dans le musée Cernuschi, une des plus considérables, tant par sa taille que par sa valeur artistique, était une grande stèle importée en France par M. Edgar Worch. Ce monument, dont le sommet est malheureusement tronqué, mesure 215 centimètres de haut; il a 80 centimètres de largeur à la base et 73 centimètres de largeur dans sa partie supérieure; il est épais de 19 centimètres.

A l'avers (pl. XXXIX), on voit au bas de la stèle une inscription (pl. XL) qui est accompagnée, à droite et à gauche, des noms de divers donateurs. Comme je le montrerai, ce texte est en partie inintelligible à cause des fautes grossières dont il fourmille; je commencerai par en donner la transcription:

唯大魏元年歲次甲戌四月丁
亥朔十二日庚辰
夫沖宗微密。非聖道勿窮。玄鑒
弥曠。熟知其根。故記應三*弓甲
開道。是以葉公好龍天人隆報
者矣。但弟子薛山俱薛季訛薛
景鄉宿二百他人等姿○○去
留之難保。慨人之無常。念之切*
億。獨狀累表。各竭精心。共造石
像一區。可謂能人再隆於閻浮。
○合復輝於道樹。四土覩而悟
善。曉徒見以增福。上爲　皇祚
永康。黔黎俓預。七世父母所生
父母。亟及弟子等。內外親戚。早
識善原。長去三塗。永捨八難。蠢
動衆生敢同斯福。弥勒三會願
冬初首。　　　　化主李慶和。

Cette inscription commence par une date qui est énoncée de la manière suivante: «Sous la grande dynastie Wei, la première année, le rang de l'année étant kia-siu, le

1) L'étude qu'on va lire reproduit en partie ce que j'ai déjà écrit au sujet de ce monument dans un article sur *L'exposition d'art bouddhique au Musée Cernuschi* (*T'oung pao*, Mai 1913, p. 272—280). D'autre part, dans ses *Notes sur quelques sculptures chinoises* (dans *Ostasiatische Zeitschrift*, Jahrgang II, Heft 3, 1913, p. 326—340), M. Victor Goloubew a fait de cette stèle (p. 334—338) un examen approfondi; il en a étudié tout spécialement la facture et il a montré comment «les personnages principaux, bouddhiques d'origine, sont travaillés en haut relief, tandis que les donateurs et les divers détails du paysage, éléments chinois par excellence, sont rendus dans une technique qui s'apparente à celle des Han».

quatrième mois dont le premier jour était le jour ting-hai, le douzième jour qui est le jour keng-tch'en ».

Nous constatons tout d'abord qu'aucun nom de période d'années n'est indiqué; nous avons simplement les mots « sous la grande dynastie Wei, la première année, le rang de l'année étant kia-siu ». La dynastie Wei dont il est ici question ne peut pas être celle de l'époque des trois royaumes, puisque, au troisième siècle de notre ère, l'art bouddhique n'existait pour ainsi dire pas en Chine; l'année kia-siu de la dynastie Wei ne peut donc désigner que l'année 494 ou l'année 554; il ne saurait cependant être question ici de l'année 494, puisque cette année est la dix-huitième année t'ai-houo, et que, à supposer même l'omission involontaire du nom de la période d'années, l'expression « première année » ne se comprendrait pas; au contraire, l'année 554 convient fort bien puisqu'elle correspond à la première année de l'empereur Kong 恭, sous le règne de qui il n'y eut aucun nom de périodes d'années; d'ailleurs une autre inscription, cataloguée par Lo Tchen-yu 羅振玉 dans son *Tsai siu houan yu fang pei lou* 再續寰宇訪碑錄 (chap. I, p. 17 v°), est datée de 大魏元年丁丑 « sous la grande dynastie Wei, la première année qui était l'année ting-tch'eou »; cette année est l'année 557, quatrième du règne de l'empereur Kong; si elle est appelée « première année », c'est, dit Lo Tchen-yu, parce qu'elle est celle où le fondateur de la dynastie des Tcheou du Nord reçut l'abdication de l'empereur Kong et commença à régner. Quelle que soit la valeur de cette dernière explication, il est du moins bien établi que, sous le règne de l'empereur Kong (554—557), les dates étaient exprimées sans qu'on eût recours à un nom de période d'années et c'est pourquoi la date de 554 me paraît pouvoir être assignée d'une manière certaine à notre stèle.

Mais voici maintenant une nouvelle difficulté: le premier jour du quatrième mois de l'année 554 est le jour ping-tch'en, 53e du cycle, et non, comme le dit l'inscription, le jour ting-hai, 24e du cycle. On peut écarter cette objection en disant que, en 554, à une époque où la dynastie des Wei occidentaux était bien près de sa ruine et où le désordre devait être grand dans les administrations, on dut oublier de faire l'intercalation à la fin de l'année précédente; si on néglige ce mois intercalaire, le premier jour du quatrième mois deviendra effectivement le jour ting-hai, 24e du cycle.

Enfin il faut rejeter comme fausse l'indication que le douzième jour du quatrième mois était le jour keng-tch'en, 17e du cycle. Si le quatrième mois commence par le jour ting-hai, 24e du cycle, il ne peut pas contenir le 17e jour du cycle; le douzième jour du mois devrait être le jour wou-siu, 35e du cycle.

Abordons maintenant le texte même de l'inscription; dans le début, nous voyons qu'il est question de 沖宗 et de 聖道. Or, au commencement d'une inscription de 520 que nous avons déjà eu l'occasion de citer (cf. p. 9, n. 3), nous avons retrouvé ces deux mêmes termes sous la forme 沖宗 et 至道 et il est question de l'impossibilité où l'on est de se représenter le Buddha si on n'a pas des images de sa personne, et de comprendre sa doctrine si on n'a pas des livres qui exposent ses enseignements. De même, une inscription non datée de l'époque des Wei (cf. *Kin che siu pien*, chap. II, p. 56) commence ainsi: 夫至道沖微。形言永絕。« la doctrine parfaite étant très haute et très subtile, l'aspect extérieur (du Buddha) et les paroles (du Buddha) allaient cesser d'être pour toujours»; alors le Buddha fit faire son image par le roi Udayana et légua ses enseignements à ses disciples. De même encore, une inscription de 557 (*Kin che siu pien*, chap. II, p. 8 a) commence ainsi: 蓋玄宗凝湛。至道沖矇。 «le principe sombre est intensément profond; la doctrine parfaite est très haute et très obscure». — A la lumière de ces citations, nous voyons que, dans le début de notre inscription, le mot 非 est inintelligible [1]); il faut en faire abstraction et lire: 夫沖宗微密。聖道匆窮。 «le principe suprême est subtil et mystérieux; la doctrine sainte est insondable».

Dans la phrase suivante: 玄鑒弥曠熟知其根, les deux mots 鑒 et 熟 paraissent inintelligibles. Le caractère 熟 doit être évidemment remplacé par le caractère 孰; quant au caractère 鑒 je proposerai de lui substituer le caractère 精, en me fondant sur une inscription de l'année 548 (*Kin che ts'ouei pien*, chap. XXXI, p. 4 b) qui commence par les mots: 夫玄精曠遠 «Or l'essence profonde est vaste et lointaine». Si on admet ces deux corrections de texte, la phrase de notre inscription signifiera: «L'essence profonde est éloignée et vaste; qui peut connaître son origine?"

Ce qui suit est complètement inintelligible; nous voyons seulement qu'il y est fait allusion à l'anecdote relative au gouverneur de la ville de Che 葉公. Il est probable qu'il faut entendre cette anecdote dans le sens où elle est rapportée par le *Louen heng* (trad. Forke, vol. II, p. 352): Le gouverneur de Che aimait fort les dragons et en avait peint des images dans toute sa maison. Un véritable dragon en entendit parler et descendit faire son apparition. On peut considérer cela comme une récompense surnaturelle. N'est-on donc pas en droit d'espérer que, de même que le gouverneur de Che, en faisant des images des dragons, provoqua l'apparition d'un vrai dragon, de même, en faisant des images du Buddha, on facilitera la descente (降 au lieu de 隆) du Buddha sur la terre comme récompense 報 de l'œuvre pie?

Après cet exorde que tant de fautes de texte rendent à peu près dépourvu de sens, l'inscription devient un peu plus claire:

«Cependant les disciples (du Buddha), Sie Chan-kiu, Sie Ki-ngo, Sie King et deux cents autres personnes habitantes du pays,...... difficile à protéger [2]) et s'affligeant de l'impermanence de l'homme, tourmentés dans leur esprit [3]) par cette pensée et....., ils ont chacun épuisé toutes les forces de leur cœur pour faire ensemble une représentation

---

1) L'introduction de ce mot s'explique par une réminiscence que l'auteur a dû avoir du début d'autres inscriptions où il se justifie. Par exemple, une inscription de l'année 560 (*Kin che ts'ouei pien*, chap. XXXVI, p. 1a) commence ainsi: 蓋大範攸寂。非一念无以顯其原。妙理澄湛。非表像何以暢(=陳)其旨。 «or, la grande règle est immense et silencieuse; on n'aura pas le moyen d'en rendre manifeste l'origine si on n'a pas la pensée unifiée; la merveilleuse raison est pure et profonde; comment en montrera-t-on le sens si on n'exhibe pas des statues?» Voyez aussi le début d'inscription cité dans la note 3 de la p. 9. Dans notre inscription, le mot 非 non seulement est inutile, mais encore rompt la cadence des phrases de quatre mots.

2) L'idée doit être qu'il est difficile de conserver quelque stabilité dans le monde des phénomènes.

3) 憶 doit être l'équivalent de 臆.

figurée en pierre. On peut dire maintenant que Çākyamuni [1]) est derechef descendu [2]) dans le Jambudvīpa et que.. de nouveau brille sous l'arbre de la sagesse (Bodhidruma). Quand les régions dans les quatre directions de l'espace verront (cette stèle), elles s'éveilleront au bien; quand les hommes éclairés (par la religion) contempleront (ce monument), cela leur permettra d'augmenter leur bonheur (futur) [3]). En premier lieu, que (cette œuvre pie) fasse que la prospérité impériale soit éternellement tranquille [4]) et que le peuple aux cheveux noirs soit grandement heureux [5]); que les ancêtres tant hommes que femmes (des donateurs) jusqu'à la septième génération, que leurs pères et mères qui les ont mis au monde, que même leurs frères cadets et leurs fils, que leurs parents par agnation et par cognation, que leurs connaissances et leurs excellents amis [6]) soient pour toujours éloignés des trois voies (mauvaises) [7]) et soient à jamais affranchis des huit empêchements [8]). Que la multitude grouillante de tous les êtres vivants participe simultanément [9]) à ce principe de bonheur; puissent-ils, lors des trois assemblées que tiendra Maitreya, monter au premier rang [10]).

Li K'ing-ho, promoteur de la quête.»

---

1) Les mots 能人 paraissent devoir être lus 能仁, traduction qui a été adoptée par les Chinois pour rendre le mot sanscrit Çākya.

2) Comme plus haut (p. 22, l. 25), j'admets que 隆 doit être remplacé par 降. L'idée est que, grâce à l'image qui a été faite du Buddha, il semble que Çākyamuni soit derechef descendu dans le monde.

3) Ainsi, par la vue de ce monument, ceux qui seront encore dans les ténèbres de l'ignorance se convertiront, ceux qui sont déjà éclairés par la religion éprouveront des sentiments vertueux qui augmenteront pour l'avenir le bonheur dont ils seront rétribués.

4) Au lieu de 皇祚永康, une inscription de 528, qui nous a été conservée dans le *Tsi nan kin che tche* 濟南金石志 (chap. II, p. 4 b), écrit 皇祚永隆 «que la prospérité impériale s'élève éternellement».

5) 伾 est l'équivalent de 丕.

6) Le texte n'offre ici aucun sens; au lieu de 早識善原, je propose de lire 知識善友, comme dans l'inscription de 528 (*Tsi nan kin che tche*, chap. II, p. 4 b), où on lit 善友知識.

7) C'est-à-dire qu'ils ne renaissent pas dans les conditions d'animal, de démon affamé ou de damné. C'est là un des vœux les plus fréquemment exprimés dans les inscriptions bouddhiques.

8) Les huit empêchements 八難 (aṣṭa akṣaṇa) sont les huit conditions défavorables dans lesquelles il est impossible de faire son salut; ils sont énumérés comme suit dans un passage de la Mahâvyutpatti (§ 120) qu'a bien voulu me communiquer M. Sylvain Lévi: narakāḥ «les enfers», tiryañcaḥ «les animaux», pretāḥ «les démons affamés», dīrghāyuṣo devāḥ «les dieux à longue vie»; pratyantajanapadam «les pays limitrophes»; indriyavaikalyam «fonctionnement incomplet des sens»; mithyādarçanam «la vue fausse»; tathāgatānām anutpādaḥ «absence de Bouddha» — Cf. Huber, *Sûtrâlaṃkâra*, p. 182, n. 1. — Dans une inscription de 576 qui, bien que taoïque, est toute pénétrée de phraséologie bouddhique, on lit de même: 願亡者去離三塗永超八難 «je désire que les défunts soient éloignés des trois voies (mauvaises) et soient à jamais affranchis des huit empêchements" (cf. *Kin che ts'ouei pien*, chap. XXXV, p. 6 *a*).

9) Le mot 敢 «oser» n'a guère de sens ici; il est probablement l'équivalent de 共 «ensemble»; on trouve aussi le mot 咸 «tous» ou le mot 普 «universellement» dans d'autres inscriptions. Par exemple, dans une inscription de 526, on lit: 蠢動衆生普同斯福 (cf. *Tchong tcheou kin che ki*, chap. I, p. 13 *a*); dans une inscription de 587, on trouve: 法界衆生共同斯福 «que la multitude des êtres vivants du monde de la Loi participe simultanément à ce principe de bonheur» (cf. *Tsi nan kin che tche*, chap. III, p. 6 *b*). On pourrait multiplier encore ces citations.

10) Le mot 冬 est ici l'équivalent phonétique approximatif de 登. Cf. dans une inscription de 544: 龍華

A droite de cette inscription (pl. XL), on lit: 邑子季訛息奉朝請正平郡功曹郡主簿郡尉薛通尙 «Sie T'ong-chang, qui est le fils de l'habitant de la ville, (Sie) Ki-ngo, et qui a les titres de fong-tch'ao-ts'ing, kong ts'ao (chef du personnel) de la commanderie de Tcheng-p'ing, tchou-pou (chef de la comptabilité) de la commanderie et commandant militaire de la commanderie». Sie Ki-ngo nous est apparu dans l'inscription comme l'un des principaux promoteurs de l'œuvre pie; il est en outre le donateur qui a fait les frais de la sculpture d'un des deux guerriers protecteurs qui sont à droite et à gauche du groupe central. Quant à Sie T'ong-chang, il est le donateur du Bodhisattva de droite dans le groupe formé par Çākyamuni et Prabhūtaratna. Nous apprenons maintenant qu'il exerçait ses fonctions dans la commanderie de Tcheng-p'ing 正平 qui est aujourd'hui la préfecture secondaire de Kiang 絳, dans la province de Chan-si. Il est vraisemblable que le monument lui-même doit provenir de cette même ville de Kiang.

Plus à gauche, on lit: 大像主薛像順爲亡父大都督戎州司馬平原侯溝二縣令高涼縣功曹東豐縣開國男薛盛 «Le grand donateur de l'image, Sie Siang-chouen, pour le bénéfice de son père défunt Sie Cheng qui a eu les titres de gouverneur en chef, sseu-ma de l'arrondissement de Jong[1]), marquis de P'ing-yuan[2]), sous-préfet de la sous-préfecture de Keou-eul[3]), chef du personnel de la sous-préfecture de Kao-leang[4]), baron fondateur de l'empire ayant pour fief la sous-préfecture de Tong-fong.»

Plus à gauche encore: 覆庵主樊益生供養佛時 «le donateur en second[6]) du sanctuaire, Fan Yi-cheng, au moment où il fait son offrande au Buddha[7])».

Enfin la ligne suivante doit se lire: 庵主郅惠歡爲亡伯父司*州從事郡五官郅○敬 «le donateur du sanctuaire, Tche Houei-houan, pour le bénéfice de son oncle paternel aîné défunt, Tche ○-king, qui a eu le titre de ts'ong-che de l'arrondissement de Sseu et le titre de wou-kouan de la commanderie[8])».

三會願登初首 «lors des trois réunions sous l'arbre aux fleurs de dragon (l'arbre de Maitreya), je désire qu'ils montent au premier rang» (cf. *Kin che sin pien*, chap. II, p. 5 *b*). Dans une inscription de 536, il est dit: 弥勒三會唱在初首 «lors des trois assemblées que tiendra Maitreya, puissent-ils entonner (les récitations) en étant au premier rang» (cf. *Kin che ts'ouei pien*, chap. XXX, p. 4 *a*).

1) Le dictionnaire de Li Tchao-lo n'indique pour l'arrondissement de Jong que des localisations dans le Sseu-tch'ouan qui ne peuvent convenir ici.

2) Il y a plusieurs localités appelées P'ing-yuan à l'époque des Wei: les unes sont dans le Chan-tong; une autre correspond à la ville préfectorale de P'ing-leang 平涼 dans le Kan-sou.

3) Je n'ai trouvé aucune mention de cette localité.

4) Au Sud-Est de la sous-préfecture actuelle de Tsi-chan 稷山, qui dépend de la préfecture secondaire de Kiang 絳, dans la province de Chan-si.

5) Tong-fong n'est pas mentionné dans le dictionnaire de Li Tchao-lo.

6) Je considère le mot 覆 comme l'équivalent phonétique de 副; mais cette explication reste fort hypothétique.

7) Cette formule devrait, en bonne logique, accompagner le portrait du donateur qui est représenté au moment où il fait son offrande. Mais on l'emploie très fréquemment, comme ici, même quand le portrait du donateur est absent. Cf. *T'oung pao*, Mai 1913, p. 268—269.

8) A l'époque des Han, nous trouvons souvent le titre de wou kouan yuan 五官掾 (cf. *Mission*..., t. I, p. 50, l. 1—2, p. 59, l. 17, p. 107, l. 7). C'est vraisemblablement ce même titre que nous avons ici sous forme abrégée.

Si nous nous reportons maintenant à la gauche de l'inscription (pl. XL), nous relevons les mentions suivantes: 庵主都督李驚顯供養佛時 «le donateur du sanctuaire, le gouverneur Li King-hien, au moment où il fait son offrande au Buddha». 覆庵主屈法容供養佛時 «le donateur en second du sanctuaire, K'iu Fa-jong, au moment où il fait son offrande au Buddha.» 比丘邑師法杲供養佛時 «le bhikṣu, le maître de la ville, Fa-kao, au moment où il fait son offrande au Buddha». 比丘邑師海和供養佛時 «le bhikṣu, le maître de la ville, Hai-ho, au moment où il fait son offrande au Buddha.» 邑子金嚴生邑子夫蒙天保 «l'habitant de la ville Kin Yen-cheng; l'habitant de la ville Fou-mong T'ien-pao». 副大像主薛仕亮爲亡父母及亡息世咤*追福及見存家口 «le grand donateur en second de l'image, Sie Che-leang, pour assurer le bonheur rétrospectif de ses père et mère défunts, de son fils défunt Che-hio, ainsi que pour les membres actuellement vivants de sa famille». Enfin sur le bord extrême de la pierre, à gauche, on lit quelques noms de donateurs qui sont sans intérêt.

Si nous remontons plus haut (pl. XL), nous voyons au centre quatre caractères sigillaires. Si on les considère sans idée préconçue, il semble bien que le second d'entre eux soit le caractère 國, que le troisième soit le caractère 結 et que le quatrième soit le caractère 像, écrit, comme cela arrive fréquemment dans les inscriptions de l'époque des Wei, avec la clef 彳 au lieu de la clef 亻. Quant au premier caractère, il pourrait être le caractère 佛. Mais, si on admet ces lectures, on obtient la phrase 佛國結像 qui n'a aucun sens; je suppose, à titre hypothétique, que le graveur a voulu écrire 佛圖造像 et que le mot 圖 doit être considéré comme l'équivalent phonétique du mot 徒; la phrase 佛徒造像 signifierait alors «Image faite par des disciples du Buddha».

Au-dessus de ces quatre caractères, on voit un ornement en forme de fleur de lotus stylisée (pl. XLI).

A gauche et à droite du lotus et des caractères sigillaires (pl. XL et XLI) sont représentés quatre donateurs; ils tiennent d'une main un lotus; chacun d'eux est suivi de son cheval sellé; on voit les grands étriers carrés qui retombent le long d'une pièce d'étoffe destinée sans doute à protéger la jambe antérieure du cheval; c'est jusqu'ici la plus ancienne représentation iconographique connue de l'étrier en Chine[1]). Chacun de ces quatre donateurs est précédé d'un enfant portant un livre et un flacon; il est suivi de deux autres enfants dont l'un tient un dais et l'autre un écran circulaire.

Les deux donateurs de gauche sont «Sie Ki-ngo donateur du guerrier protecteur de l'image» 保像軍主薛季訛 et «Tsiao Mai-hing, donateur du guerrier protecteur de l'image» 保像軍主焦買興. Les deux guerriers dont il est fait ici mention sont sans doute les deux Vajrapāṇi qui sont à gauche et à droite du groupe central formé par le Buddha Çākyamuni entre les deux moines et les deux Bodhisattvas.

1) Aucune figuration de l'étrier n'a pu être signalée avec certitude dans les bas-reliefs du Chan-tong. Cependant, le Dr. B. Laufer a bien voulu me communiquer les photographies d'étriers qui se trouvent au Field Museum à Chicago et qui remontent très vraisemblablement à l'époque des Han; l'étrier aurait donc été connu en Chine dès les deux premiers siècles de notre ère, quoiqu'il n'apparaisse point encore sur les monuments figurés.

Des deux donateurs de droite, celui qui est au rang inférieur est appelé 都大邑主李玉; «le grand donateur général, habitant de la ville, Li Yu»; au-dessous, on lit en plus petits caractères 妻張○敬息高仁一心侍佛 «sa femme Tchang ○-king et son fils Kao-jen de tout leur cœur servent le Buddha». — Le donateur supérieur de droite est appelé 開明主薛仕亮 «Sie Che-leang, le donateur qui a ouvert la vue», c'est-à-dire le donateur qui a fait les frais de la cérémonie par laquelle on ouvrait les yeux de la statue pour l'animer [1]). A gauche, et se reliant à cette inscription, on lit les mots suivants: 爲亡父母及息 «(a fait cela) pour le bénéfice de ses père et mère défunts, ainsi que de son fils».

Au-dessus des quatre donateurs, on voit un brûle-parfums entre deux lions; des deux côtés du brûle-parfums il y a un personnage agenouillé sous un dais (pl. XLI). Les frais de cette partie de la sculpture ont été faits par deux dévots; celui de droite est appelé 供養主吳敬珍 «le donateur de l'offrande Wou King-tchen»; celui de gauche est mentionné dans la phrase 供養主中仁爲亡父李○ «le donateur de l'offrande, Tchong-jen [2]), a fait cela pour le bénéfice de son père défunt Li ○».

Au registre supérieur (pl. XLII), nous apercevons dans le coin du bas, à gauche, un donateur agenouillé qui tient dans ses mains un lotus; c'est «Kouo Kin-ngan, chef de la comptabilité dans le département de Fen, gouverneur de T'ou-king, au moment où il fait son offrande» 汾州主簿吐京太守郭金安供養時. T'ou-king était, sous les Wei, une commanderie du département de Fen; elle était située à 60 li de l'actuel Tai tcheou 代州, dans le Nord du Chan-si.

Au centre de ce registre (pl. XLII) est assis le Buddha Çākyamuni entre les deux moines Ānanda et Kāçyapa; sur la colonne de gauche, on lit: «le donateur d'A-nan (Ānanda), Kouo Yuan-○» 阿難主郭元○; sur la colonne de droite, on lit: «le donateur de Kia-ye (Kāçyapa), Ho T'ang-ming» 加葉主何鐙明. Extérieurement aux deux moines sont les deux bodhisattvas; les noms des donateurs sont sur le rebord extérieur de la pierre où on lit, à droite: «Sie T'ong-chang, donateur du Bodhisattva» 菩薩主薛通尙, et, à gauche: «le donateur du Bodhisattva, ○○, pour le bénéfice de son père défunt ○○○» 菩薩主○○爲亡父. Extérieurement aux deux Bodhisattva sont les deux Vajrapâṇi; nous avons signalé précédemment (p. 25, l. 34—38) les noms de leurs donateurs.

Au-dessous du Buddha, qui est nécessairement Çākyamuni, puisqu'il est placé entre Ānanda et Kāçyapa, nous lisons les mots 都督當陽佛主樂肆海爲亡弟朗興供養佛 «le tou-tou Yo Sseu-hai, donateur du Buddha qui fait face au Sud, présente cette offrande au Buddha pour le bénéfice de son frère cadet défunt Lang-hing». L'expression 當陽佛 «le Buddha qui fait face au Sud» ne doit pas nous surprendre, car nous trouvons la formule 當陽像主 «le donateur de la statue qui fait face au Sud», dans une stèle du Chao-lin sseu datée de 570—571 p. C. (cf. *Mission* . . ., fig. 425).

1) Cf. p. 18, n. 7.

2) 主中. Ces deux mots sont gravés en surcharge sur deux autres caractères.

La niche au centre de laquelle siège Çākyamuni est encadrée de deux colonnettes; chacune d'elles est supportée par la nuque d'un personnage grotesque qui se tient accroupi de telle sorte que ses genoux sont à la hauteur de sa tête et que ses mains empoignent ses jambes immédiatement au-dessus du pied. Au bas de chacune des colonnettes se tient un petit personnage d'allure bouddhique qui paraît jouer seulement un rôle ornemental.

Le sommet de la niche est formé par un lotus stylisé au milieu duquel apparaît de face la tête d'un dragon. Les dernières volutes du lotus, à droite et à gauche, entourent deux femmes agenouillées qui sont peut-être des musiciennes. Plus extérieurement sont assis deux démons aux pattes crochues. Les donateurs de cette bande décorative sont mentionnés sur le rebord de la pierre (pl. XLII); à gauche, on lit: 供養主李文慶爲亡父○○ «le donateur de l'offrande, Li Wen-k'ing, a fait cela pour le bénéfice de son père défunt ○○». A droite, on lit: 供養主焦○○ «Le donateur de l'offrande, Tsiao ○-○».

Le registre situé plus haut présente le groupe bien connu de Çākyamuni à gauche et de Prabhūtaratna à droite (pl. XLIII); les donateurs de ces deux statues ont inscrit leurs noms respectifs au sommet de chacune des deux tranches de la stèle[1]); sur la tranche qui est plus proche de l'image de Çākyamuni, on lit: 釋迦佛主張柛* 爲亡○伯息供養佛時 «le donateur du Buddha Che-kia (Çākyamuni), Tchang Chen (?), au moment où il présente cette offrande au Buddha pour le bénéfice de son [père] défunt Po-si (?)»; sur la tranche opposée, qui est plus proche de l'image de Prabhūtaratna, on lit: 多寶佛主焦進興爲亡父文成供養佛時 «le donateur du Buddha Prabhūtaratna, Tsiao Tsin-hing, au moment où il fait cette offrande au Buddha pour le bénéfice de son père défunt Wen-tch'eng». — Le groupe des deux Buddhas est flanqué de deux Bodhisattvas (pl. XLIII); au-dessous de celui de droite, on lit: 菩薩主奉朝請薛通尙 «le donateur du Bodhisattva, le fong tch'ao ts'ing Sie T'ong-chang». Au-dessous du Bodhisattva de gauche, on lit: 菩薩主○奴爲亡父○伏歡 «le donateur du Bodhisattva, ○-nou, (a fait cela) pour le bénéfice de son père défunt ○ Fou-houan» (pl. XLII et XLIII). — Tout à fait à droite, on voit sous un arbre un ermite dans une grotte au milieu des montagnes (pl. XLIII); le nom du donateur est gravé à droite: 吳黑○爲亡母傅清女 «Wou Hei-○ (a fait ceci) pour le bénéfice de sa mère, la femme pure Fou». Je suppose que cet ermite n'est autre que Çākyamuni au temps où il n'est pas encore parvenu à l'Illumination et où il se livre à l'ascétisme dans la forêt d'Uruvilvā. — Tout à fait à gauche, sous un arbre, est un personnage qui est assis, la main droite posée sur le pied gauche; il a la tête inclinée, dans une attitude méditative; l'inscription de gauche est ainsi conçue: 心唯佛主薛景爲亡父留興 «le donateur du Buddha en méditation, Sie King, (a fait cela) pour le bénéfice de son père défunt Lieou-hing» (pl. XLIII). Je pense qu'il faut lire 思惟佛, au lieu de 心唯佛; je relève en effet sur un piédestal bouddhique que nous étudierons plus loin (N° V, pl. XLVI) la mention 太子思惟像主 «le donateur de la statue représentant

1) Ces tranches ne sont pas reproduites ici.

la méditation du prince héritier»; l'expression 思惟 est le terme technique qui désigne la méditation à la suite de laquelle le prince héritier atteignit sous l'arbre de la Bodhi à l'intelligence parfaite; ce terme correspond au sanscrit manaskāra ou manasikāra (cf. Sylvain Lévi, *Textes sanscrits de Touen-houang*, dans *Journal asiatique*, Nov.-Déc. 1910, p. 436, et Sylvain Lévi, *Mahāyāna sūtrālaṃkāra*, p. 14, note sur le vers I, 16); l'expression 思惟佛 «le Buddha en méditation» n'est pas rigoureusement exacte puisque la méditation précède l'obtention de la dignité de Buddha; en fait, le personnage qui est représenté assis sous un arbre dans notre stèle n'a pas l'auréole; il n'est point encore un Buddha; il n'est que le prince héritier qui va devenir Buddha.

La bande décorative située plus haut (pl. XLIII) nous montre deux moines en adoration devant un brûle-parfums très stylisé supporté par un petit personnage vu à mi-corps; ils sont défendus contre deux bêtes féroces, dont l'une est ailée, par des génies qui brandissent des foudres. Le donateur a inscrit son nom à droite, mais on ne peut plus discerner que les mots 供養主 «le donateur de l'offrande», et un peu plus bas le nom de famille Kouo 郭. Quant à l'inscription de gauche, on ne peut même pas savoir à quoi elle se rapporte, car elle est trop indistincte pour offrir un sens suivi.

Le sommet de la stèle est brisé (pl. XLIII); à droite, deux petits personnages sont en adoration devant un piédestal sous lequel sont couchés deux animaux qui sont peut-être des lions; sur le piédestal, on aperçoit les genoux d'un personnage qui devait être assis. Plus à gauche, un nain grotesque appuie ses mains sur le sol et relève ses deux jambes pour supporter avec ses pieds un objet qui pourrait être un stūpa; plus à gauche est un personnage de grande taille à côté duquel on lit l'inscription mutilée:..... 王主薛承初 «le donateur du roi....., Sie Tch'eng-tch'ou». Il est probable qu'on doit rapporter aux deux statues principales de ce registre les deux inscriptions qui sont au milieu de chacune des deux tranches de la stèle. Dans une de ces inscriptions on lit: 藥王菩薩主薛石保侍佛時 «le donateur du Bodhisattva roi de la médecine (Bhaiṣajyarāja), au moment où il sert le Buddha»; sur l'autre tranche, on voit mentionné 觀世音菩薩主李文慎 «le donateur du Bodhisattva Kouan-che-yin (Avalokiteçvara), Li Wen-chouen». Nous trouverons dans le monument N° V de la présente étude l'association d'Avalokiteçvara avec le Buddha Bhaiṣajyaguru qui paraît bien jouer là le même rôle que tient ici le Bodhisattva Bhaiṣajyarāja. — Tout à fait à gauche de ce registre (pl. XLIII) sont quatre hommes debout; l'un d'eux paraît être le personnage principal: il a à ses côtés deux assistants et il est suivi d'un serviteur qui porte vraisemblablement un dais au-dessus de sa tête.

Au revers de la stèle (pl. XLIV) on voit sept rangées de donateurs; le nom de chacun d'eux est inscrit au-dessus de l'image qui le représente. Les cinq premières rangées sont remplies par des hommes, les deux dernières rangées par des femmes. — La première rangée commence par quatre bhikṣus; puis vient le 都邑主薛山俱; nous avons déjà rencontré dans l'inscription principale de l'avers (p. 22, l. 29) le nom de ce Sie Chan-kiu; la place prééminente qu'il occupe ici semble prouver qu'il doit être considéré comme le principal donateur; mais le sens exact du titre de 都邑主, de même que celui du titre de 都大邑主 que nous avons signalé plus haut (p. 26, l. 1—2), n'est pas très clair. Après Sie Chan-kiu vient un 都維那, c'est-à-dire un karmadāna général, puis une série de douze personnages ayant le titre de 維那, c'est-à-dire de karmadāna. — Dans la deuxième et la troisième rangées, on trouve encore trois karmadāna, mais tous les autres donateurs, de même que ceux des quatrième et cinquième rangées (pl. XLV), ont uniformément le titre de 邑子 qui paraît signifier «habitant de la ville». Quelques-uns d'entre eux ont fait représenter à côté d'eux leur fils. — La sixième rangée commence par trois bhikṣuṇīs qui sont suivies de la donatrice principale ayant le titre de 起像主 «la donatrice qui a fait ériger l'image». Toutes les autres femmes de cette rangée et toutes celles de la septième rangée ont uniformément le titre de 淸信女 «la femme pure et croyante»; ce terme correspond au sanscrit upāsikā.

En comptant les donateurs et donatrices de ces sept rangées je trouve, sauf erreur, un total de 122 personnes; mais si on ajoute les donateurs qui sont figurés sur l'avers, sur les tranches et sur les bords de la stèle, on arrive bien près du nombre de 200 qui est indiqué dans l'inscription principale.

V.

UNE BASE BOUDDHIQUE NON DATÉE.

(Planches XLVI—XLIX.)

M. Lou Houan-wen 盧煥文 (app. K'in-tchai 芹齋), directeur de la société chinoise Léyer, m'a autorisé à publier un monument qui est actuellement dans ses magasins. C'est un bloc de pierre quadrangulaire qui servait de base à une stèle; il mesure 86 centimètres de large sur ses faces antérieure et postérieure, 55 centimètres sur ses faces latérales; sa hauteur totale est de 52 centimètres, mais, à 10 centimètres avant le sommet, les quatre parois de la pierre s'infléchissent légèrement vers le centre, en sorte que, au sommet, le bloc ne mesure plus que 20 centimètres sur ses faces antérieure et postérieure, et 39 centimètres sur ses faces latérales; la stèle qui le surmontait devait avoir 20 centimètres de large et 20 centimètres d'épaisseur, mais nous ignorons quelle en était la hauteur; le tenon par lequel elle s'enfonçait dans le trou pratiqué au sommet de la base avait 50 centimètres de largeur et 79 centimètres d'épaisseur.

Il semble au premier abord que l'explication des scènes représentées sur les quatre faces de cette base doive être aisée puisque nous avons des cartouches qui vraisemblablement nous en révéleront le sens; en réalité, comme on le verra, les cartouches ne sont pas toujours en accord avec les scènes et nous sommes, dans la moitié des cas, obligés d'en faire abstraction pour trouver le sens des gravures.

Si nous supposons, pour fixer les idées, que le monument était orienté face au Sud, nous ferons l'étude de la base en commençant par la petite face de l'Est (pl. XLVI), en continuant par la grande face du Nord correspondant au revers de la stèle (pl. XLVII); puis par la petite face de l'Ouest (pl. XLVIII); nous terminerons par la grande face du Sud correspondant à l'avers de la stèle (pl. XLIX).

Face de l'Est (pl. XLVI): Les cartouches sont ici parfaitement explicites. A droite, nous lisons: 太子成佛白馬舐足時像主鞏海 «Kong Hai, donateur de l'image représentant le prince héritier au moment où il devient Buddha[1]) et où le cheval blanc lui lèche les pieds». Effectivement, on voit le cheval Kaṇṭhaka s'agenouiller pour lécher les pieds de son maître; cette scène est bien connue, tant dans l'art du Gandhāra[2]) que dans l'art chinois[3]); mais les comparaisons iconographiques que nous pouvons faire

1) En réalité, le prince-héritier n'est devenu Buddha que sept ans après les adieux du cheval; au moment où il se sépare de Kaṇṭhaka, il ne fait encore qu'embrasser l'état de religieux errant et mendiant.

2) Cf. Foucher, *Les bas-reliefs gréco-bouddhiques du Gandhāra*, p. 361, fig. 184b; p. 362, fig. 185.

3) Cf. *Mission . . .*, fig. 220.

ne nous permettent pas d'identifier les cinq personnages que le sculpteur a figurés au-dessus du cheval; aucun d'eux n'a de signe distinctif permettant de reconnaître en lui l'écuyer Chandaka; aucun d'eux n'a les attributs de Vajrapāṇi ou ceux d'un des quatre devarājas; peut-être les deux personnages supérieurs, qui tiennent chacun en main un lotus, sont-ils simplement des donateurs.

A gauche, le prince héritier est représenté méditant sous l'arbre de l'intelligence. Le cartouche nous dit: 太子思惟像主車莫和 «Kiu Han-ho [1]), donateur de l'image représentant le prince héritier en méditation (manaskāra) [2])».

Face du Nord (pl. XLVII): Le Buddha est assis entre les deux moines et les deux Bodhisattvas; au-dessous de lui sont les trois roues qui symbolisent les trois occasions dans lesquelles il fit tourner la roue de la Loi, c'est-à-dire prêcha et opéra des conversions; les trois roues, qui sont parfois remplacées par une seule [3]), se rencontrent fréquemment dans l'art bouddhique [4]). La première prédication du Buddha fut celle qui eut pour effet de convertir les cinq hommes de bonne caste, parmi lesquels se trouvait Ājñāta Kauṇḍinya [5]); or, précisément sur notre bas-relief, on voit à gauche cinq personnages avec de riches coiffures et de beaux vêtements [6]); ce sont les cinq hommes de bonne caste qui, les mains jointes, écoutent les enseignements du Buddha. Ce sont eux encore qui reparaissent à droite; mais ils ont été convertis; ils ont la tête rasée et le simple habit du religieux; trois d'entre eux ouvrent les bras comme s'ils étaient émerveillés de ce qu'ils viennent d'entendre; les deux autres ont encore les mains jointes. Les arbres qui sont dessinés à gauche et à droite doivent figurer le bois des gazelles de Ṛṣipatana.

Le cartouche de droite est bien de circonstance: 釋迦佛度阿若俱輪時像主趙世 «Tchao Che, donateur de l'image représentant le Buddha Çākya(muni) au moment où il opère le salut d'Ājñāta (Kauṇḍinya) et où (il met en mouvement) toutes les roues (de la Loi")».

Le cartouche de gauche n'a aucun rapport avec la scène représentée; il est ainsi conçu: 弥勒成佛時像主楊始悅 «Yang Che-yue, donateur de l'image représentant Maitreya au moment où il devient Buddha».

Face de l'Ouest (pl. XLVIII): Les quatre devarāja apportent chacun un bol de pierre au Buddha qui, pour ne pas contrister trois de ses donateurs bénévoles, accepte les quatre bols; mais, par un miracle, les quatre bols entre ses mains n'en font plus qu'un seul au sommet duquel on voit les quatre lignes qui attestent sa quadruple origine [7]).

---

1) Je suppose que 莫 est un caractère écourté et qu'il faut lire 漢.

2) Cf. p. 28, l. 1—6.

3) Cf. von Le Coq, *Chotscho*, pl. 38 c.

4) Cf. Foucher, *Les bas-reliefs gréco-bouddhiques du Gandhāra*, p. 417—432; *Mission*..., fig. 208.

5) Cf. *Lalita vistara*, trad. Foucaux, chap. XXI.

6) En fait les cinq personnages de bonne caste, qui étaient d'anciens condisciples du Bodhisattva chez son dernier précepteur brahmanique, auraient dû être figurés sous l'aspect d'ascètes.

7) Voyez un bas-relief du Gandhāra représentant l'offrande des quatre bols, dans Foucher, *Les bas-reliefs gréco-bouddhiques du Gandhāra*, p. 417, fig. 210. A Yun-kang, la même scène est figurée (*Mission*..., fig. 227, au milieu, à droite). Sur les quatre rebords des bols primitifs qui étaient restés visibles sur le bol unique, voyez Foucher, *op. cit.*, p. 419—420.

Les deux cartouches sont indépendants de cette scène; à droite, on lit: 觀世音佛像主趙超 «Tchao Tch'ao, donateur de l'image du Buddha Kouan-che-yin (Avalokiteçvara)". — A gauche, on lit: 藥師琉璃光佛像主徐智淵 «Siu Tche-yuan, donateur de la statue représentant le Buddha qui a l'éclat de vaiḍūrya, maître de la médecine (Bhaiṣajyaguru vaiḍūryaprabha)».

Dans la stèle de 543 que nous avons étudiée précédemment, nous avons signalé l'association des noms d'Avalokiteçvara et du Bhaiṣajyarāja (cf. p. 28, l. 26—31).

Face du Sud (pl. XLIX): Au centre, un Buddha est assis, les jambes repliées à l'indienne. Huit personnages, qui doivent être des Bodhisattva, sont assis quatre par quatre à sa droite et à sa gauche; quatre d'entre eux paraissent, par leurs coiffures plus ornées, jouer un rôle plus important que les quatre Bodhisattva de l'arrière-plan. A droite de la pl. XLIX, on voit un Buddha assis sur un siège, les jambes reposant verticalement à terre. A sa droite et à sa gauche sont deux Bodhisattva debout; derrière lui apparaît un seul moine. A gauche de la pierre, la scène est toute semblable; seules les mains du Buddha diffèrent dans leurs positions respectives.

Que représente cette scène? Nous serions fort embarrassés pour l'expliquer si M. Foucher, à qui la connaissance de l'iconographie bouddhique est redevable de beaucoup de progrès, ne nous avait mis sur la voie par son article sur «Le grand miracle du Buddha à Çrāvastī[1])». On sait comment le Buddha, pour triompher définitivement des six maîtres hérétiques, opéra devant le roi Prasenajit un miracle en multipliant à l'infini ses images dans toutes les directions; pour les arts graphiques, cette multiplicité des images s'est traduite le plus souvent par trois Buddha assis ensemble. Il est donc dès l'abord probable que, puisque nous avons ici trois Buddha manifestement associés dans une même scène, nous avons affaire à une représentation du grand miracle de Çrāvasti.

Cette présomption peut être confirmée par deux observations. En premier lieu, nous avons fait remarquer que le Buddha central n'était accompagné d'aucun moine, tandis que le Buddha de droite et celui de gauche n'avaient respectivement auprès d'eux qu'un seul moine. Cette singularité apparente s'explique si les trois Buddha ne symbolisent en réalité qu'un seul Buddha qui se répète à l'infini; alors en effet les deux moines, qui étaient aux côtés de Çākyamuni et qui ne participent pas de sa nature merveilleuse, n'ont pu se multiplier comme il le faisait lui-même, et c'est pourquoi ils sont restés au nombre de deux tandis que le Buddha s'est triplé. En second lieu, on observera que les trois autres faces du monument que nous étudions sont toutes relatives à la vie de Çākyamuni; dans les adieux du cheval Kaṇṭhaka, nous avons une scène qui se rattache au départ de la maison (abhiniṣkramaṇa); puis vient la première prédication (dharmačakra-pravartana); puis l'offrande des quatre bols qui, suivant la remarque de M. Foucher[2]), doit suggérer la parfaite illumination (abhisambodhana); il est évident que la quatrième face doit aussi être expliquée par les traditions relatives à Çākyamuni,

---

1) Cf. *Journal Asiatique*, Janvier—Février 1909, p. 5—28.
2) *Les bas-reliefs gréco-bouddhiques du Gandhāra*, p. 416—419.

et, dès lors, il faut nécessairement recourir au grand miracle (mahā-prātihārya) de Çrāvastī.

Les cartouches qui sont gravés sur cette face de la pierre n'ont rien de commun avec la scène représentée. Le cartouche de droite se lit: 弥勒下生佛像主趙思奴 «Tchao Sseu-nou, donateur de l'image représentant le Buddha Maitreya dans sa naissance ici-bas». Le cartouche de gauche est ainsi conçu: 日月燈明佛像主蘇伯能 «Sou Po-neng, donateur de la statue représentant le Buddha Éclat des luminaires du Soleil et de la lune (Čandrasūryapradīpa)».

Comme on le voit, plusieurs des cartouches ne s'appliquent pas aux scènes figurées sur la base; pour rendre compte de cette anomalie apparente, il faut admettre qu'ils concernaient les scènes de la stèle, aujourd'hui absente, qui devait surmonter le piédestal; nous dirons donc que sur cette stèle on devait voir: Maitreya au moment où il devient Buddha, Avalokiteçvara en compagnie de Bhaiṣajyaguru, le Buddha Maitreya dans sa naissance ici-bas et le Buddha Čandrasūryapradīpa.

Ce monument n'étant pas daté, c'est par une simple conjecture fondée sur la forme des caractères et sur le style des images que nous le reportons à l'époque des T'ang.

VI.

UNE PETITE STÈLE BOUDDHIQUE DE L'ANNÉE 670 p. C.

(Planche L—LII.)

Le dernier monument que nous étudierons est une petite stèle qui porte le N° 585 dans le *Catalogue sommaire* de l'exposition d'art bouddhique au Musée Cernuschi; elle mesure 56 centimètres de hauteur, 27 centimètres de largeur et 9 centimètres et demi d'épaisseur. L'inscription[1]) qui est placée au bas de l'avers (pl. L) va nous renseigner sur les scènes principales que présente ce monument:

1 大覺○○。○念赴機。○
2 響應聲。月臨邁水。佛弟
3 子崔善德早虧庭蔭。孤
4 棄所生。對風樹以長懷。
5 𨋍昊天而靡答。將欲憑
6 諸靈相拯拔幽塗。遂捨
7 家珍敬爲碑像一鋪。前
8 雕弥勒。依希覩史眞容。
9 却鏤地藏之形。無異於
10 躬呈化。以斯福祉霑被
11 存亡。蠢類有情。俱登○
12 果。 咸亨元年九月○
13 祖崔法暎。父○○。母裴。善德妻燕。
14 衛妻。常男表仁山隱山壽。女寶○。

TRADUCTION.

Lorsque la grande illumination (se manifeste), ○ la pensée discursive s'empresse d'aller vers elle comme vers son principe moteur; ainsi l'écho répond au son; ainsi la lune se reflète sur l'eau voyageuse[2]).

Moi, le disciple du Buddha, Ts'ouei Chan-tö, j'ai de bonne heure été privé de la

1) Cette inscription a déjà été traduite par M. Tchou Kia-kien dans le *Catalogue sommaire*, p. 85—86.

2) Malgré les lacunes que présente le texte, le sens me paraît assez clair: quand le Buddha apparaît, toute pensée discursive accourt vers lui parce qu'elle sent que l'intuition totale est le principe dont elle n'est que l'écho ou le reflet.

protection de la maison paternelle[1]); orphelin, j'ai été abandonné de ceux qui m'avaient mis au monde; je me place en face de l'arbre agité par le vent pour me livrer à mon chagrin perpétuel[2]); j'exprime mes tourments au ciel majestueux, mais je n'en obtiens aucune réponse. Je me propose maintenant de m'appuyer sur les images surnaturelles[3]) pour être sauvé de cette sombre destinée. J'ai donc renoncé aux objets précieux que je possédais pour faire avec respect une stèle avec des figures; à l'avers on a gravé Maitreya conformément au vrai visage qu'il a (dans le ciel) des Tuṣita[4]); au revers, on a sculpté la forme de Ti-tsang (Kṣitigarbha) tel exactement qu'il était lorsqu'il manifesta en personne ses transformations. Puisse ce principe de bonheur bénéficier aux vivants et aux morts; puissent tous les êtres qui grouillent et tous ceux qui sont doués de sentiment s'élever tous au fruit [de Buddha][5]).

La première année hien-heng (670 p. C.), le neuvième mois, le grand-père[6]), Ts'ouei Fa-ying; le père ○ ○ ; la mère, dame P'ei; la femme de (Ts'ouei) Chan-tö, dame Yen, et sa femme, dame Wei[7]); le fils aîné[8]), Piao-jen (et les fils) Chan-yin et Chan-cheou; la fille Pao-○.

Sur l'avers (pl. L), à gauche du groupe formé par le brûle-parfums et les deux lions, le

---

1) Dans une requête composée en 521 par Yu sin 庾信 (513—581) au nom du duc de Sseu 杞 pour être adressée à l'empereur, on lit de même la phrase: 臣早傾庭蔭 «votre sujet de bonne heure a vu s'effondrer la maison paternelle», et cela signifie qu'il a perdu jeune son père (cf. *Yu tseu chan tsi* 庾子山集, chap. VII, p. 26 b, de l'édition de 1894).

2) Il y a ici une allusion à une anecdote célèbre qui est rapportée dans le *Chouo yuan* 說苑 de Lieou Hiang 劉向 (chap. X, p. 9a de l'édition publiée en 1875 par le Tch'ong wen chou kiu du Hou-pei); Confucius étant en voyage entend quelqu'un qui se lamente; il va auprès de lui et lui demande la raison de son chagrin; le désespéré lui expose qu'il a commis trois fautes dont la plus grave est d'avoir abandonné ses parents pour aller s'instruire à l'étranger; à son retour, ses parents étaient morts; «l'arbre, dit-il, voudrait rester calme, mais le vent ne le laisse pas tranquille; j'aurais voulu, comme fils, entourer de soins mes parents, mais ils ne m'ont pas attendu; ce qui passe et ce qui ne revient point, ce sont les années; ceux qu'un homme ne peut plus revoir, ce sont ses parents». 樹欲靜乎。風不定。子欲養。吾親不待。往而不來者年也。不可得再見者親也。 C'est en souvenir de ce texte que la métaphore de l'arbre agité par le vent éveille l'idée d'un homme qui a perdu ses parents.

3) L'expression 靈相 me paraît désigner les images bouddhiques; toute représentation d'une scène bouddhique est une œuvre pie qui peut procurer du bonheur.

4) Dans une «inscription au sujet d'une statue de Maitreya» 彌勒像之碑, qui a été gravée en 648 à Long-men (cf. *Mission*..., fig. 242), on lit de même: 尊儀始著。似降兜率之宮。 «(quand la statue fut achevée), le maintien vénérable fut pour la première fois visible; il paraissait être descendu du palais des Tuṣita.»

5) Le mot qui précède le caractère 果 est effacé, mais on peut le rétablir en ayant recours à une inscription de Long-men (*Mission*..., fig. 205) où le donateur souhaite que «son œuvre méritoire s'étende généralement sur la multitude des êtres vivants du monde de la Loi, en sorte que tous s'élèvent au fruit de Buddha» 此功德普及法界衆生。俱登佛果。 Ce vœu revient à souhaiter que tous les êtres deviennent simultanément des Buddha 一時成佛, comme le disent d'autres inscriptions (*Mission*..., fig. 670).

6) Toutes les parentés indiquées dans ce paragraphe final se rapportent au donateur principal Ts'ouei Chan-tö.

7) Il semble qu'il y ait eu ici dans l'inscription une interversion de deux mots et que au lieu de 妻燕衛妻 il faille lire, comme au revers de la stèle, 妻燕妻衛.

8) Je suppose que 常男 est l'équivalent de 長男.

donateur est figuré agenouillé, avec trois hommes debout derrière lui; dans un cartouche on lit les mots 崔善德供養 «offrande faite par Ts'ouei Chan-tö». A droite, une femme est agenouillée; trois femmes sont debout derrière elle; le cartouche est malheureusement fort endommagé et on ne peut lire que 德○○供○. Il est probable qu'il faut lire 德妻○供養 «offrande de la femme de Ts'ouei Chan-tö, dame ○». La difficulté qui subsiste est de savoir qui est cette femme; en effet, l'inscription traduite plus haut nous a appris que Ts'ouei Chan-tö avait deux épouses, dame Yen et dame Wei, et nous les verrons reparaître toutes deux au revers de la stèle. Pourquoi donc à l'avers n'a-t-on représenté qu'une seule d'entre elles? Je suppose que Ts'ouei Chan-tö a été marié deux fois; quand il a fait sa stèle, dame Yen devait être morte et c'est pourquoi il n'a représenté à l'avers que dame Wei; mais, en même temps, il a voulu faire bénéficier de son œuvre pie l'épouse défunte aussi bien que l'épouse vivante, et c'est pourquoi il les mentionne toutes deux soit à la fin de l'inscription, soit au revers de la stèle.

Au revers (pl. LI), on voit en effet, des deux côtés du brûle-parfums supporté par un génie accroupi, les mentions suivantes: 弟子崔善德供養 «offrande du disciple Ts'ouei Chan-tö», et: 德妻燕妻衛供養 «offrande de l'épouse de (Ts'ouei Chan-)tö, dame Yen, et de l'épouse, dame Wei».

Grâce à l'inscription, nous pouvons maintenant décrire la stèle sans risquer de faire fausse route. A l'avers (pl. L), le sommet est occupé par deux dragons entrelacés qui surmontent un stūpa. La niche centrale de la stèle renferme le Buddha Maitreya assis sur un siège avec les jambes reposant verticalement sur le sol; à sa droite et à sa gauche sont les deux Bodhisattvas; en dehors et de part et d'autre de la niche devaient se trouver deux Lokapāla, mais on les a entaillés de façon à ménager à l'endroit où chacun d'eux se trouvait trois petites cavités; l'aspect de la stèle a donc été modifié, et seul le Lokapāla de gauche est encore discernable. Au-dessous de la niche centrale est un brûle-parfums stylisé placé entre deux lions; à gauche est le donateur, suivi de trois hommes; à droite est la donatrice accompagnée de trois femmes.

Au revers (pl. LI), on voit le Bodhisattva Kṣitigarbha qui, suivant le type consacré par la tradition, a le vêtement et la tête rasée d'un moine[1]). Aux côtés de son trône sont agenouillés deux moines; celui de droite joint les mains; celui de gauche présente un bol; au-dessus de la statue principale, un petit Buddha assis doit être le dhyāni Buddha de Kṣitigarbha. D'après l'inscription que nous avons traduite plus haut, Kṣitigarbha est représenté au moment où il présente ses transformations, c'est-à-dire au moment où il opère un miracle: sur la stèle, en effet, nous voyons qu'il tient dans chacune de ses mains une boule de laquelle d'échappent des volutes de vapeurs ou de nuages; sur ces volutes sont placés dans des attitudes diverses dix personnages. Cette figuration soulève un problème: qui sont ces dix personnages et quel est l'épisode de

1) Voyez les intéressants articles de M. W. de Visser intitulés *The Bodhisattva Ti-tsang (Jizō) in China and Japan* (dans *Ostasiatische Zeitschrift*, Jul.—Sept. et Oct.—Déc. 1913, p. 157—198 et 266—305). Aux p. 266 et suiv. de ce travail, on trouvera l'analyse du fort curieux sūtra intitulé 佛說地藏菩薩發心因緣十王經. — Cf. aussi Th. Duret, *Livres et albums illustrés du Japon* N°. 1, p. 31.

la vie légendaire de Kṣitigarbha qui les expliquera? doit-on reconnaître en eux les dix rois des enfers qui ont été si populaires en Chine? Nous nous bornons à poser ces questions sans pouvoir y répondre.

Au-dessous de l'image de Kṣitigarbha, on a gravé au trait un brûle-parfums entre deux lions; le lion de droite retourne la tête en arrière (pl. LI).

C'est aussi en gravure au trait qu'on a représenté sur chacune des deux tranches (pl. LII) un donateur tenant en main un lotus et, au-dessus de lui, une femme aux longs vêtements flottants qui étend le bras droit; cette vignette est exécutée avec beaucoup de finesse et on remarquera la grâce avec laquelle le dessinateur a su esquisser le corps de la femme au milieu de ses voiles mouvants.

Sur l'une des deux tranches, on a inscrit en surcharge les mots suivants: 貞明二年正月六日薛景存重記 «La deuxième année tcheng-ming, le sixième jour du premier mois (11 Février 916), Sie King-ts'ouen a fait cette seconde notice». Il n'y a évidemment pas lieu de tenir compte de cette addition de date postérieure puisqu'elle n'a point influé sur la facture du monument tel qu'il avait été exécuté en 670 p. C.

Cette petite stèle est contemporaine des plus anciennes figurations que nous possédions en Chine de Kṣitigarbha; dans les inscriptions de Long-men, ce bodhisattva est mentionné douze fois; trois de ces dédicaces sont datées et se rapportent respectivement aux années 667, 669 et 693; c'est donc bien à peu près à la même époque que Kṣitigarbha fait son apparition à Long-men et qu'il est représenté sur notre stèle. On peut aller plus loin et dire que c'est sans doute vers ce temps qu'il prit droit de cité dans le bouddhisme chinois. En 651, Hiuan-tsang traduisit le *Daçačakra kṣitigarbha sūtra* 大乘大集地藏十輪經 (Nanjio, *Catalogue*, N° 64) qui paraît être le premier ouvrage où Kṣitigarbha est considéré comme un bodhisattva puissant. D'autre part dans le *Ti tsang p'ou sa pen yuan king* 地藏菩薩本願經 (Nanjio, *Catalogue*, N° 1003), traduit entre 695 et 700 par le religieux de Khoten Çikṣānanda, le culte de Kṣitigarbha est préconisé d'une manière toute spéciale; on y met ce bodhisattva sur le même pied que Mañjuçrī 文殊, Samantabhadra 普賢, Avalokiteçvara 觀音 et Maitreya 彌勒[1]; on promet à toute personne qui fera des images de Kṣitigarbha dix avantages qui sont les suivants: 1° les champs de ce donateur seront fertiles; 2° sa demeure sera toujours paisible; 3° ses parents morts avant lui monteront dans les cieux; 4° ses parents encore vivants auront une longévité prolongée; 5° tout ce qu'il demandera lui sera accordé; 6° il ne souffrira ni d'incendies ni d'inondations; 7° la disette lui sera évitée; 8° il sera libéré des mauvais rêves; 9° dans toutes ses actions, des dieux le protégeront; 10° il aura souvent l'occasion de se constituer des causes saintes (de bonheur pour ses existences futures)[2]. — On voit quelles prospérités, la plupart tangibles et immédiates, étaient promises à tout donateur qui faisait une image de Kṣitigarbha; il n'y a pas lieu de s'étonner si, à partir du moment où ce culte fut implanté en Chine, il devint une des formes préférées de la dévotion populaire.

---

1) Cf. *Ti tsang p'ou sa pen yuan king* (dans Tripiṭaka de Tōkyō, XXV, 10, p. 9 b, l. 19).
2) *Ibid.*, p. 10 a, l. 2—3.

CONCLUSION

Les six monuments que nous avons décrits sont de dates et d'inspirations trop peu homogènes pour qu'on essaie de formuler à leur propos des considérations générales sur l'évolution de l'art extrême-oriental; ils restent à l'état de matériaux et il en faudra encore des centaines d'autres avant que l'architecte de l'avenir puisse les mettre à leur place dans l'édifice majestueux qui sera l'histoire de la sculpture chinoise. Dès maintenant cependant, d'après ces pierres qui ne sont encore qu'à pied d'œuvre, on prévoit tout ce qu'une étude approfondie des monuments analogues apportera de nouveau soit au folklore comparé, soit à la connaissance de l'iconographie bouddhique, soit à l'appréciation de l'esthétique chinoise dans ses formes successives et avec ses techniques diverses.

En ce qui concerne plus particulièrement l'art bouddhique, les stèles figurées dont nous donnons ici quelques spécimens ont une importance capitale. Comportant pour la plupart des inscriptions qui permettent de les dater avec précision et qui nous informent des sentiments des donateurs, elles ont en outre sur les statues isolées l'avantage de nous montrer des groupes dont les éléments constituants peuvent souvent s'expliquer en totalité et dont l'agencement même suppose certaines conceptions religieuses. Elles sont au nombre des monuments les plus instructifs que puisse consulter l'archéologue.

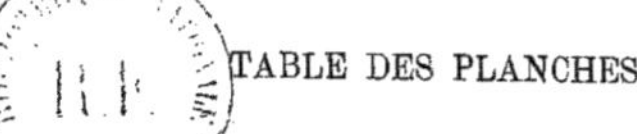

TABLE DES PLANCHES.

TABLE DES MATIÈRES.

Achevé d'imprimer le 30 Avril 1914
sur les presses de l'ancienne Imprimerie
:: E. J. BRILL (Sté. Ame.) à Leyde ::

Planches tirées sur les presses de
:: LÉON MAROTTE à Paris ::

Dalle gravée de l'époque des Han. Dessin calqué sur un estampage.

PLANCHE I.

PLANCHE I.

Dalle gravée de l'époque des Han. Dessin calqué sur un estampage.

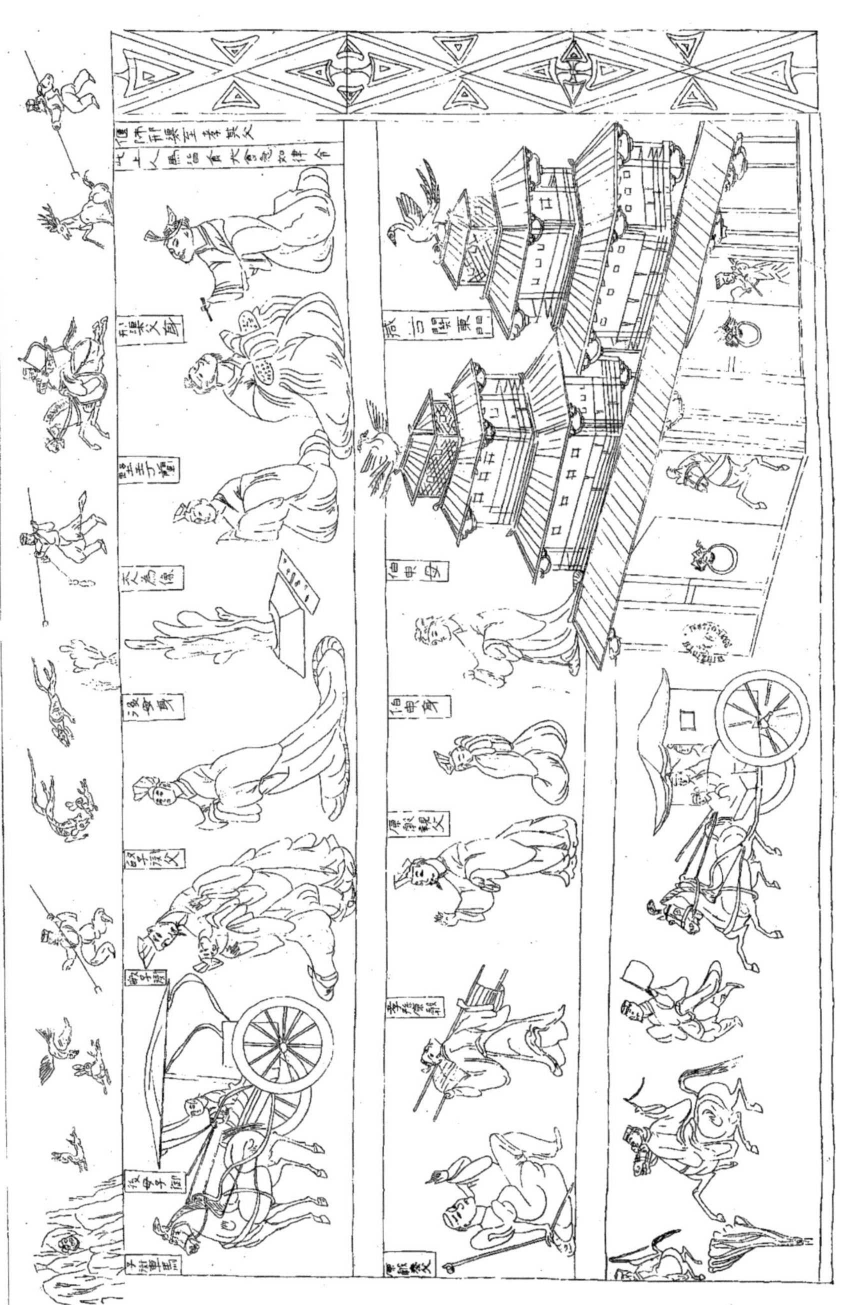

Dalle gravée de l'époque des Han. Premier registre.
PLANCHE II.

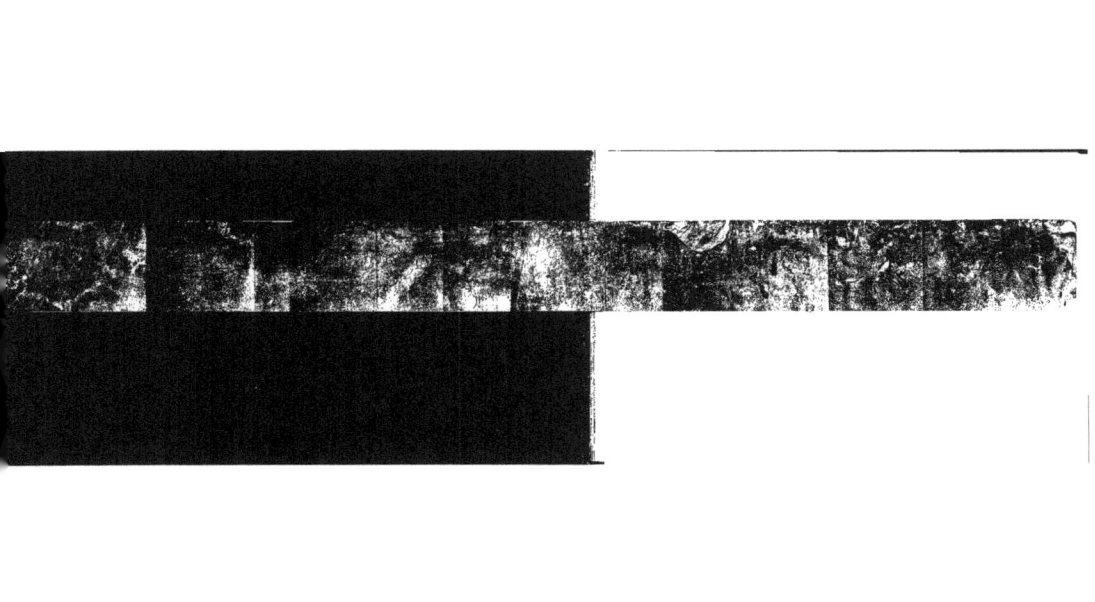

Dalle gravée de l'époque des Han. Second registre (Partie de droite).

PLANCHE III.

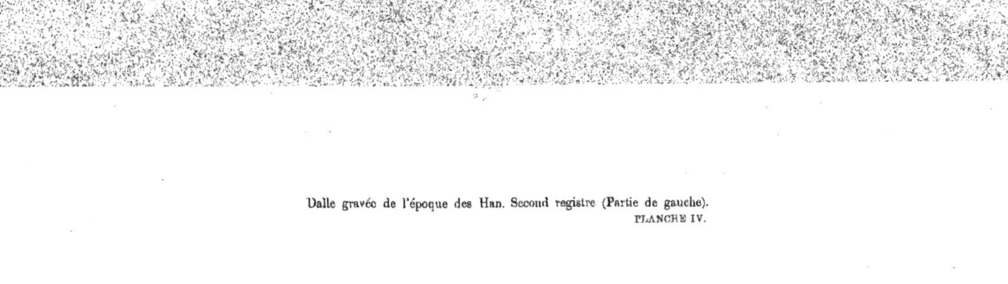

Dalle gravée de l'époque des Han. Second registre (Partie de gauche).

PLANCHE IV.

Dalle gravée de l'époque des Han. Troisième et quatrième registres (Partie de gauche).
PLANCHE V.

PLANCHE V.

Dalle gravée de l'époque des Han. Troisième et quatrième registres (Partie de gauche).

Dalle gravée de l'époque des Han. Partie inférieure de droite.
PLANCHE VI.

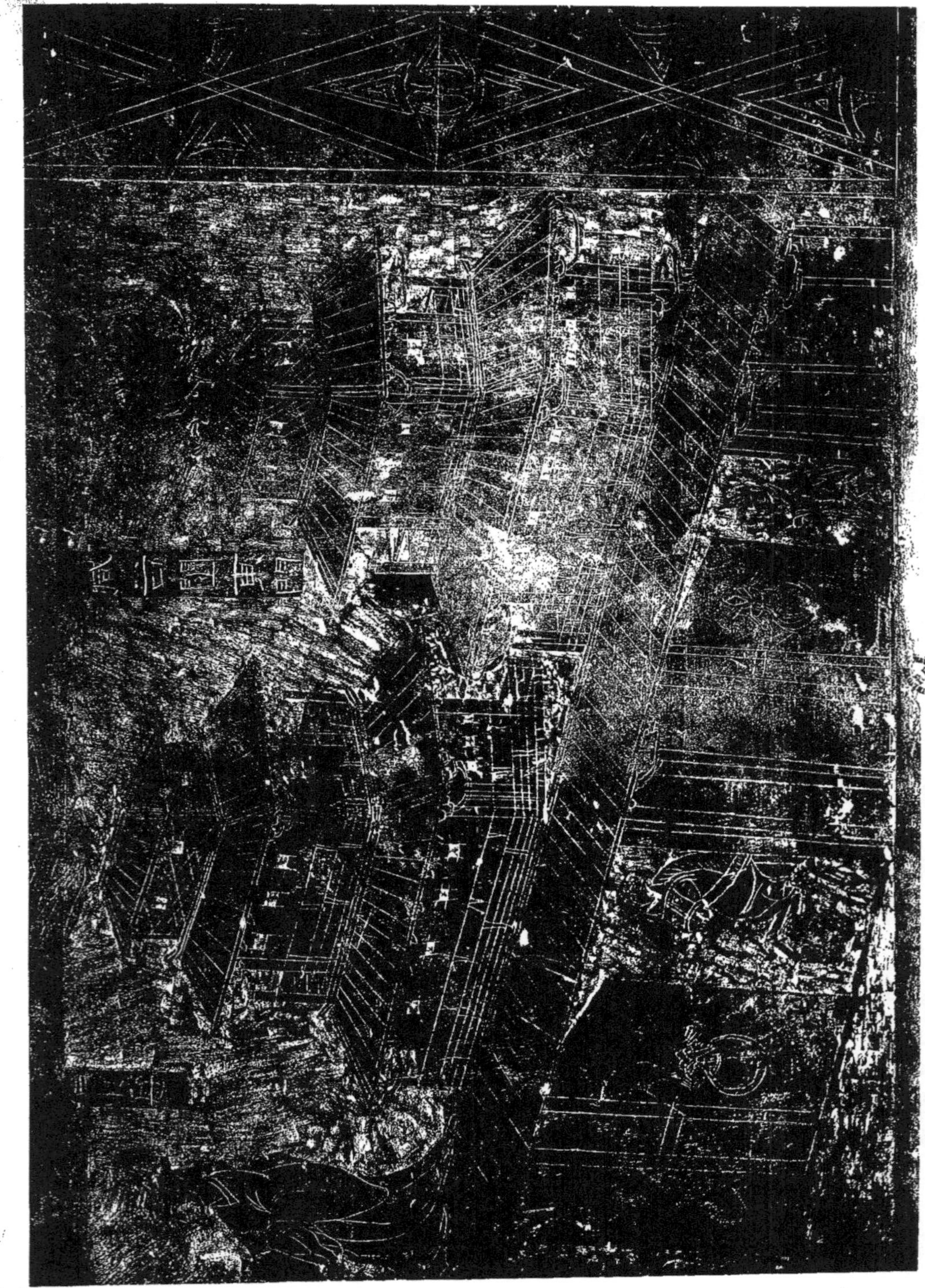

Illustration tirée du livre coréen *San kang hing che.*

PLANCHE VII.

Illustration tirée du livre coréen *Sam kang hing che.*
PLANCHE VII.

원각이한아비늙고병ᄒᆞ
떠니원각이아비원각이
놀ᄒᆞ야담사니다마뫼해
다가더더라ᄒᆞ야놀원각
이마더못ᄒᆞ야더대고올
쳐거원각이어그담산놀
가져오거늘아비닐오되
흙ᄒᆞᆫ그르슬무스게쁠
다ᄒᆞᆫ다지답ᄒᆞ되듯다
가나도아비더므리라ᄒᆞ
야늘붇그려아비놀도
로더부러오니라

Stèle bouddhique de l'année 528. Face antérieure.

PLANCHE VIII.

弟名白[illegible]
弟名龍[illegible]
名石[illegible]
兄名阿隆
叔父諱洪保
伯父諱圭洪
伯父諱洪升
高祖諱高雙征西
將軍秦州刺史
祖諱朗建威
將軍頻陽令
叔祖諱貴李尊
建[illegible]將軍北平太守
父諱[illegible]安令
兄名神[illegible]

[illegible]蟬清暉非儀樛[illegible]
[illegible]玄教[illegible]無妙典何[illegible]
感故神容[illegible]
[illegible]音源普道訓[illegible]
延清源[illegible]三[illegible]
存已真不歸詣是之
去隆高世珍[illegible]
以佛弟[illegible]兄弟四人[illegible]
彼岸[illegible]
世[illegible]高[illegible]
延沖澤樹回音[illegible]
七世上為皇帝陛下[illegible]
世父母所生父母回[illegible]
一切眾生普蒙福澤俱[illegible]
樂弥勒下生願在初會
大魏永熙元年歲次戊申十
一月十五日造記
佛弟子[illegible]建將軍[illegible]時[illegible]

Stèle bouddhique de l'année 528. Face postérieure.

PLANCHE IX.

Stèle bouddhique de l'année 528. Face latérale.

PLANCHE X.

Stèle bouddhique de l'année 525. Face latérale.
PLANCHE X.

Stèle bouddhique de l'année 528. Face latérale.

PLANCHE XI.

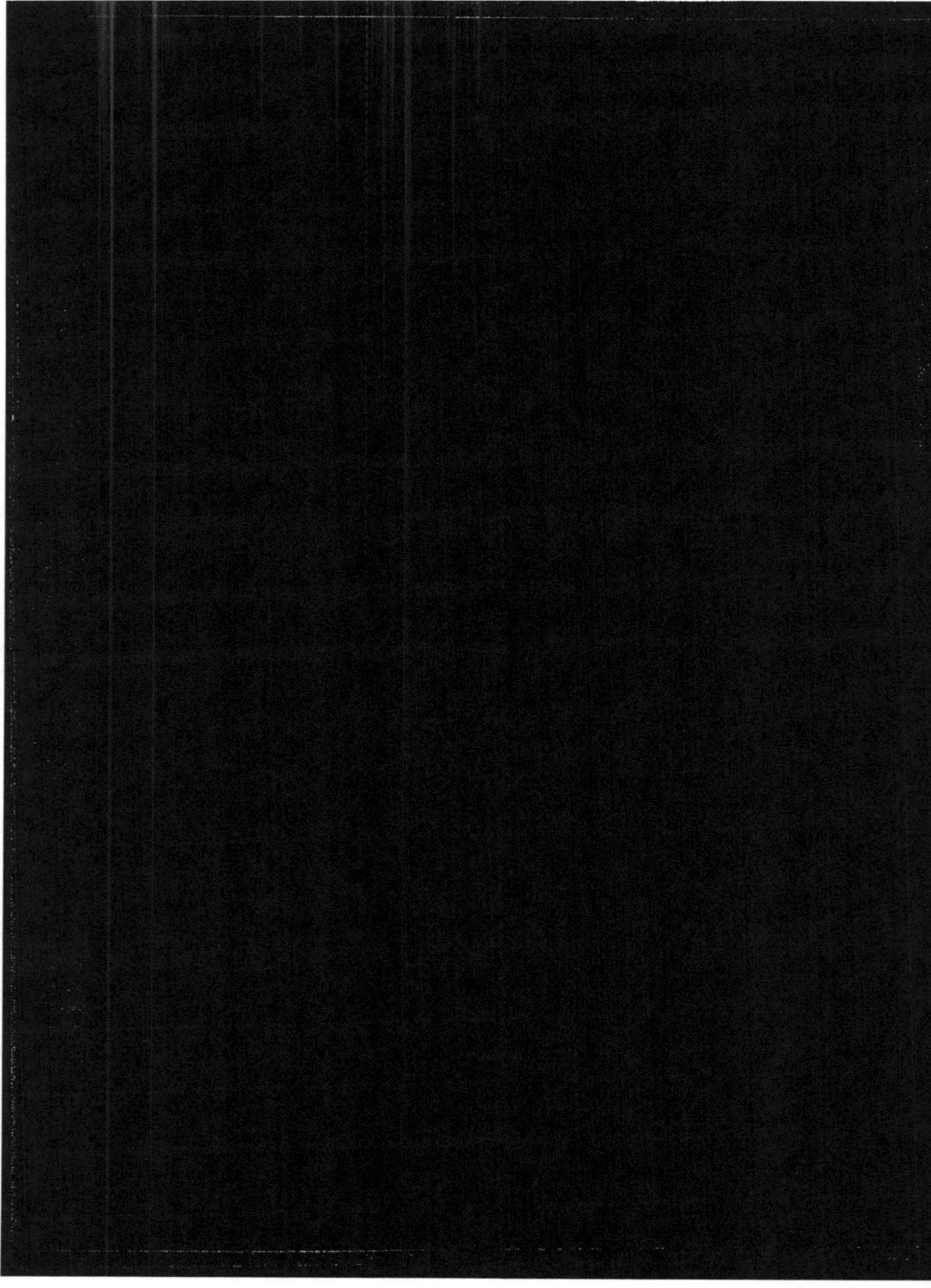

Monument de l'année 543. Avers.
PLANCHE XII.

Monument de l'année 543. Inscription du socle.

PLANCHE XIII.

主王歸勝 邑子孫思集 邑子元文略 邑子張慶雲
齋主吳㣧 邑子常貧 邑子輔傷 邑子王歡
光明主張臺 邑子宋市奴 邑子焦定樂 邑子王擬祆
登王像主苟延穆 邑子元敬賢 邑子張清 邑子吳珍
維菩薩主□述興 邑子周法御 邑子王副龍 邑子楊臺洛
相菩薩主元豐洛 邑子祝僧智 邑子王㣧 邑子韓清畢
寶像主竟士先 邑子延陵湛 邑子張臺 邑子王貴安
□主□盤荷仁 邑子衛暉和 邑子侯承 邑子張宜
觀世音二像主王令龍 邑子趙洪諡 邑子崔常伯 邑子范皁
二菩薩主趙遵明 邑子陳孝業 邑子王伏和 邑子吳□
阿難迦葉主尉頭華 邑子邢子顏 邑子王遺 邑子王桃枝
彌勒像主田業成 邑子孟顯 邑子侯相 邑子閻元顯
香火主韓昕 邑主吳仵 邑子孟邕 邑子張元洛 邑子高睍

Monument de l'année 543. Inscription du socle.

PLANCHE XIII.

邑師法遷　維大魏武定元年歲次癸亥五

像主苑貴　月庚寅朔十五日甲辰

像主蘇洪䂮　夫聖覺凝湛非形像無以視其

像主翟法龍　真是以清信士佛弟子駱子寬

像主樊永歡　等七十人仰為皇帝陛下

像主元永泰　七世見存敬造釋迦石像一區

像主王曹□　願使法界眾生息心歸于功集

像主□□□　物我猗着兩軀有無名一乘實

像主孫拾業　駕權十方恩運矣　比丘尼僧志

像主駱子□　邑老程伯宜　邑子孫樂周　邑子胡子穆

像主□□□　邑老孟信　邑子苑須生　邑子趙暎樂

像主□□□　邑老周洛都　邑子梁祖　邑子樊文標

像主樂崇貴　邑子□景徽　邑子郭□　邑子趙洪□

像主王歸勝　邑子孫思集　邑子元文略　邑子張慶雲

齋主吳甫　邑子常登　邑子□傷　邑子王歡

光明主張臺　邑子宋市奴　邑子焦定樂　邑子王攬栘

登王像主苟遵穆　邑子元敬賢　邑子張清　邑子吳珍

□菩薩主□□興　邑子周法御　邑子王副龍　邑子楊臺洛

菩薩主元豐洛　邑子祝僧智　邑子王肅　邑子穆清畢

多寶像主元士先　邑子邢陵湛　邑子張臺　邑子王貴安

□王主駱苟仁　邑子衛暉和　邑子侯承　邑子張□

觀世音二像主□□龍　邑子趙洪就　邑子崔常伯　邑子范□

二菩薩主趙逵明　邑子陳孝業　邑子王伏和　邑子吳□

□難迦葉主尉頭□　邑子邢子韻　邑子王遺　邑子王桃杖

彌勒像主而微成　邑子孟顯　邑子侯相　邑子閻元顯

香火主韓昕　邑主吳仵　邑子孟□　邑子魏元洛　邑子王高醜

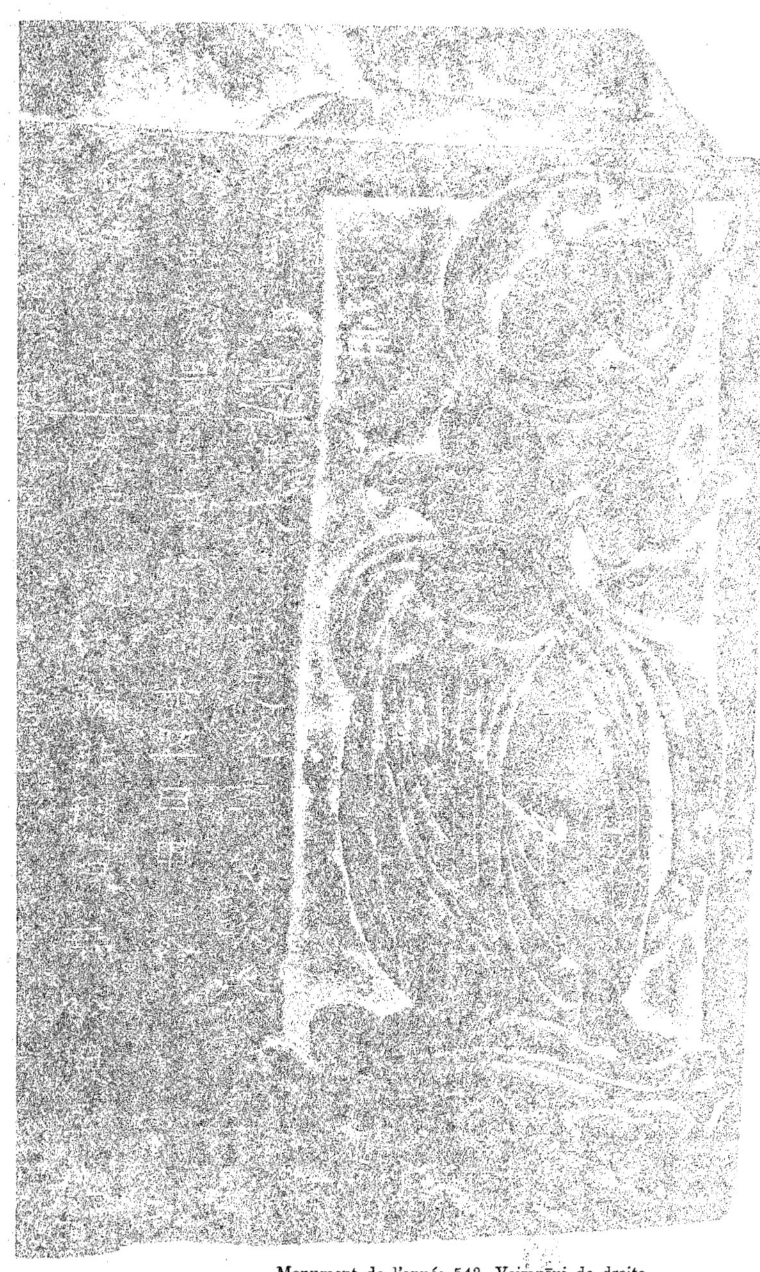

Monument de l'année 543. Vajrapāṇi de droite.

PLANCHE XIV.

金剛主
邑師法遇
維大魏武定元年歲次癸亥五
像主苑貴
月庚寅朔十五日甲辰
像主蘇洪括
夫聖覺凝淵非形像無以視其

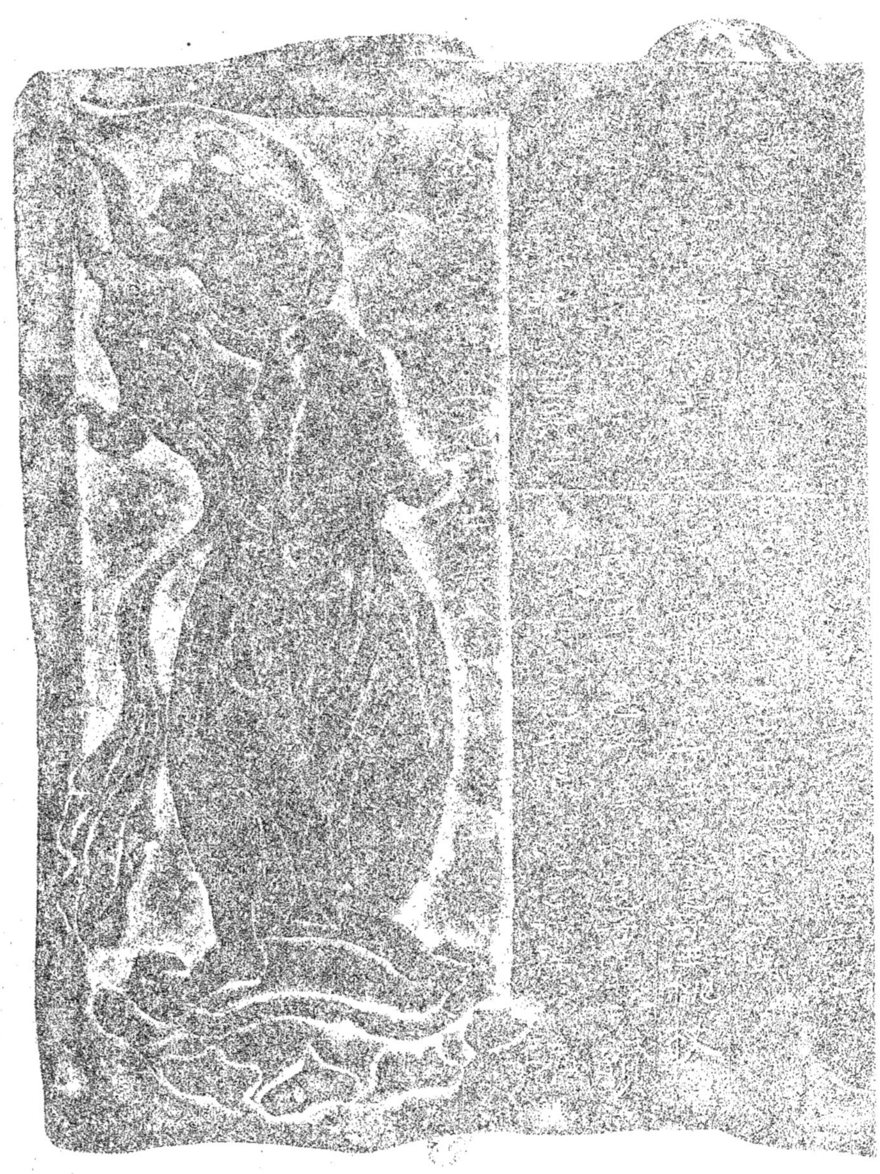

Monument de l'année 543. Vajrapāṇi de gauche.

PLANCHE XV.

Monument de l'année 543. Avers.

PLANCHE XVI.

Monument de l'année 543. Avers.
PLANCHE XVI.

Monument de l'année 543. Avers. Le Bodhisattva et le moine de gauche.

PLANCHE XVII.

Monument de l'année 543. Avers. Le Bodhisattva et le moine de droite.

PLANCHE XVIII.

Monument de l'année 543. Avers.
PLANCHE XIX.

Monument de l'année 548. Avers.
PLANCHE XIX.

Monument de l'année 543. Revers.

PLANCHE XX.

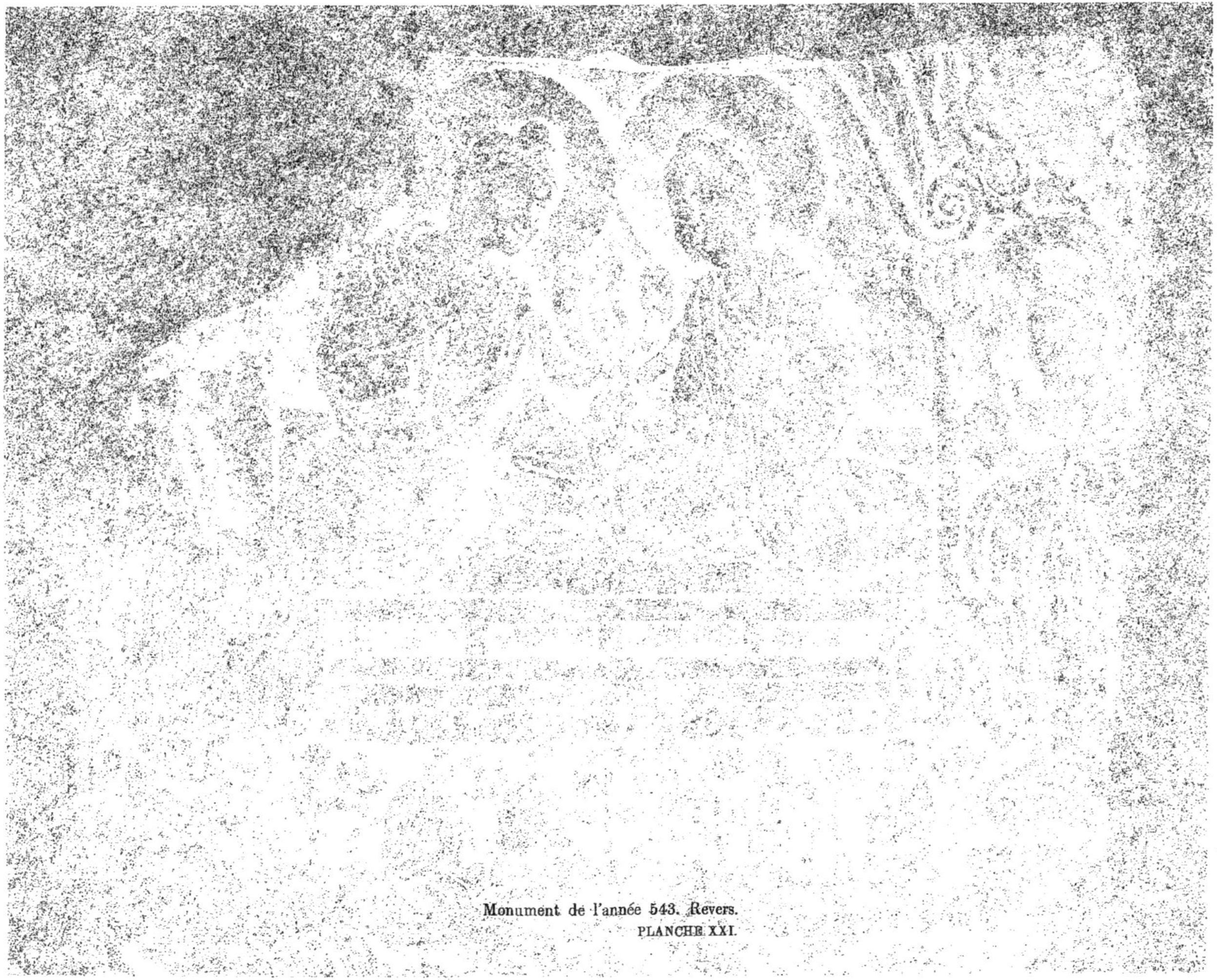

Monument de l'année 543. Revers.

PLANCHE XXI.

Monument de l'année 543. Revers.
PLANCHE XXI.

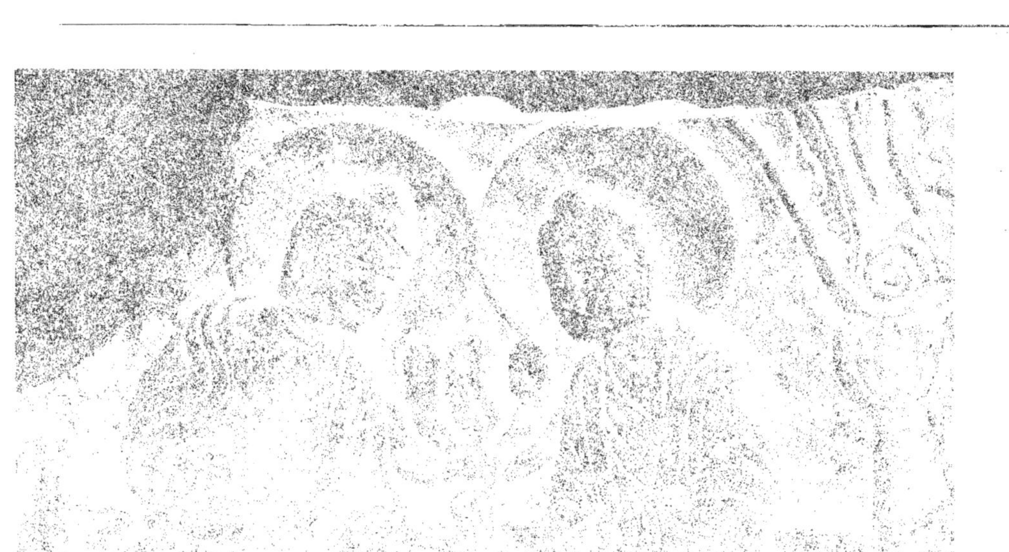

Monument de l'année 543. Revers. Entretien de Prabhûtaratna et de Çâkyamuni.

PLANCHE XXII.

PLANCHE XXII.

Monument de l'année 543. Revers. Entretien de Prabhûtaratna et de Çâkyamuni.

Monument de l'année 543. Revers.

PLANCHE XXIII.

Monument de l'année 543. Revers.

PLANCHE XXIII.

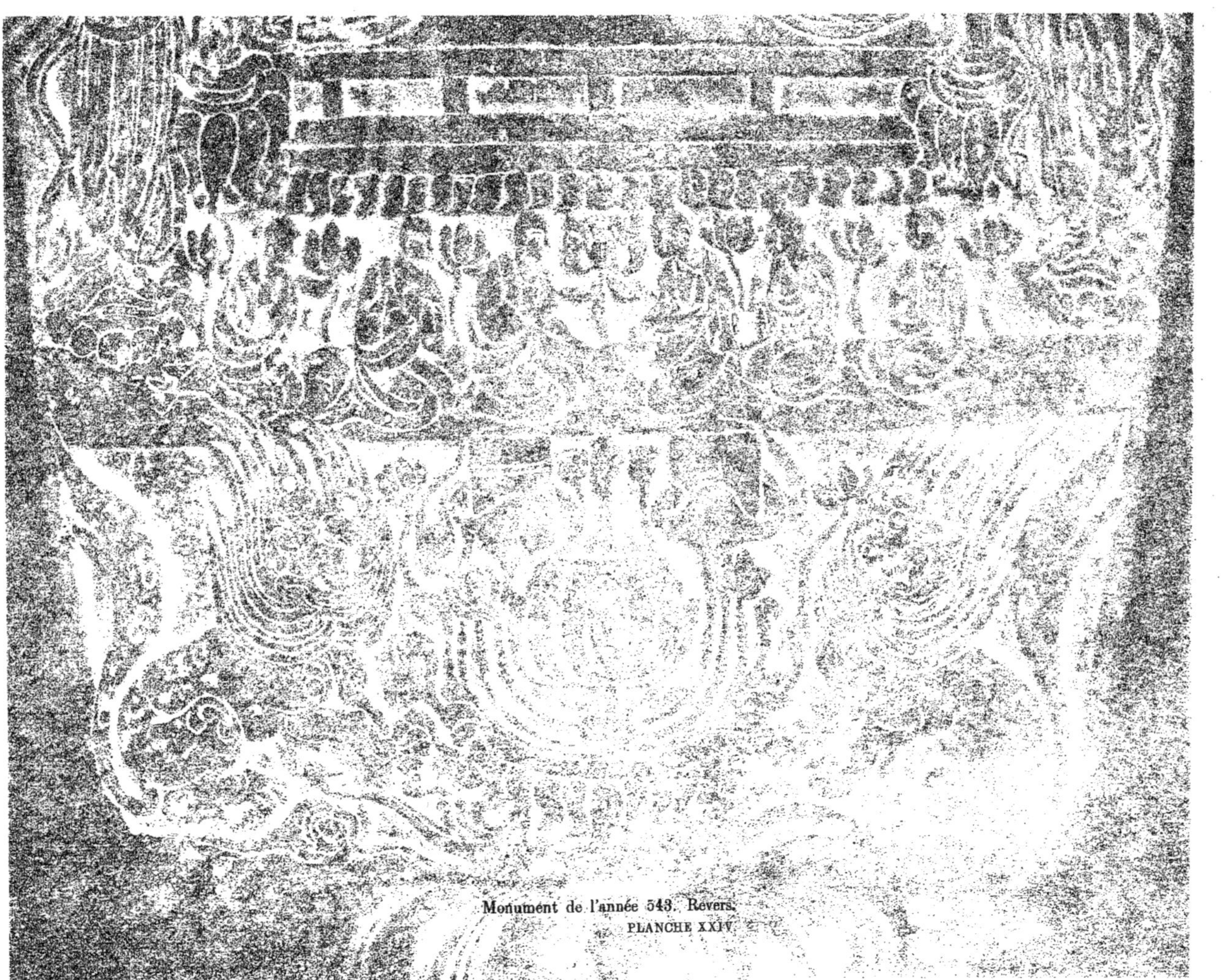

Monument de l'année 543. Revers.
PLANCHE XXIV

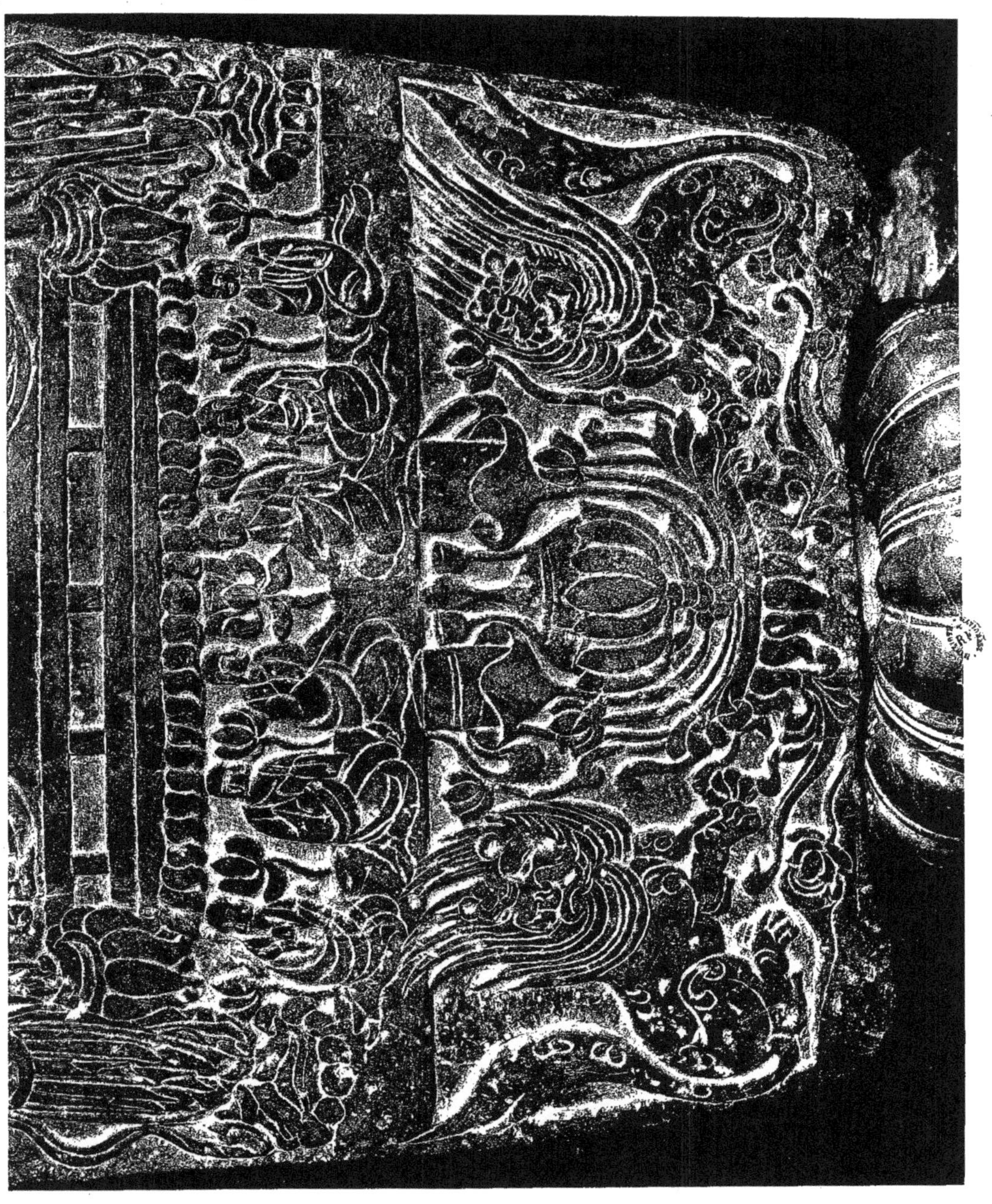

Monument de l'année 543. Tranche de gauche.

PLANCHE XXV

珠神王
風神王

Monument de l'année 543. Partie de la tranche de gauche.

PLANCHE XXVI.

Monument de l'année 543. Partie de la tranche de gauche.

PLANCHE XXVI.

Monument de l'année 543. Tranche de droite.

PLANCHE XXVII.

PLANCHE XXVIII.

Monument de l'année 543. Partie de la tranche de droite.

PLANCHE XXVIII.

Monument de l'année 543. Le génie des dragons.

PLANCHE XXIX.

風神王
飛神王

Monument de l'année 543. Le génie des vents.

PLANCHE XXX.

風神王
珠神王

Monument de l'année 543. Le génie des perles.

PLANCHE XXXI.

珠神王

Monument de l'année 543. Le génie du feu (?).

PLANCHE XXXII.

樹神王
神王

Monument de l'année 543. Le génie des arbres.

PLANCHE XXXIII.

樹神王

Monument de l'année 543. Le génie des montagnes.

PLANCHE XXXIV.

山神王

Monument de l'année 543, Le génie des poissons.

PLANCHE XXXV.

神王
山神王

Monument de l'année 548. Le génie des éléphants.

PLANCHE XXXVI

Monument de l'année 543. Le génie des éléphants.
PLANCHE XXXVI.

鳥神王

Monument de l'année 543. Le génie des oiseaux.

PLANCHE XXXVII.

Monument de l'année 543. Le génie des oiseaux.
PLANCHE XXXVII.

魚神王
魚神王

Monument de l'année 543. Le génie des lions.

PLANCHE XXXVIII.

Monument de l'année 543. Le génie des lions.
PLANCHE XXXVIII.

師子神王
鳥神王

Stèle de l'année 554. Avers.

PLANCHE XXXIX.

Stèle de l'année 554. Inscription de l'avers.

PLANCHE XL.

Stèle de l'année 554. Avers.

PLANCHE XLI

Stèle de l'année 554. Avers.

PLANCHE XLI.

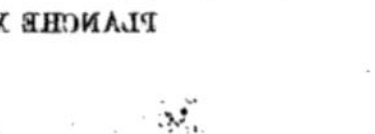

Stèle de l'année 554. Avers.

PLANCHE XLII

Stèle de l'année 554. Avers.

PLANCHE XLIII

Stèle de l'année 564. Revers.

PLANCHE XLIV.

Stèle de l'année 554. Revers.

PLANCHE XLIV.

Stèle de l'année 554. Revers (cinquième et sixième rangées).

PLANCHE XLV.

Piédestal bouddhique non daté. Face I.

PLANCHE XLVI

Piédestal bouddhique non daté. Face II.

PLANCHE XLVII.

Piédestal bouddhique non daté. Face III.

PLANCHE XLVIII.

Piédestal bouddhique non daté. Face III.

PLANCHE XLVIII.

Piédestal bouddhique non daté. Face IV.

PLANCHE XLIX.

Stèle de l'année 676. Avers.

PLANCHE L.

Stèle de l'année 670. Avers.

PLANCHE L.

Stèle de l'année 670. Revers.

PLANCHE LI.

Stèle de l'année 670. Revers.
PLANCHE LI.

Stèle de l'année 670. Tranches.

PLANCHE LII.

www.ingramcontent.com/pod-product-compliance
Lightning Source LLC
Chambersburg PA
CBHW062019180426
43200CB00029B/1983
9782019163419